Fastfood- und Partyrezepte Low Carb

50 LIEBLINGSREZEPTE UND SNACKS, DIE GLÜCKLICH MACHEN

systemed

Über die Autorin

Die gebürtige Odenwälderin Bettina Meiselbach startete mit einem betriebswirtschaftlichen Studium in das Berufsleben. Nach 25 Jahren im Personalmanagement und einem Burn-out später, krempelte sie 2014 ihr Leben komplett um. Sie entdeckte die Low-Carb-Ernährung für sich, warf fast 60 Kilogramm Gewicht ab, wies ihre Diabetes-Typ-2-Erkrankung in die Schranken und ließ den alten Job hinter sich. Die begeisterte Hobbyköchin und Ernährungsexpertin begann den Blog HappyCarb.de zu schreiben – der sich schnell zu einem der meistgelesenen Low-Carb-Blogs im deutschsprachigen Raum entwickelte. Der dann folgende Schritt zur Buchautorin war danach nur noch ein ganz kleiner.

Wichtiger Hinweis: *Das vorliegende Buch berichtet von den persönlichen Low-Carb-Erfahrungen der Autorin und bietet eine Reihe von, nach Meinung der Autorin, gesunden Rezeptideen. Das Buch ersetzt jedoch keine medizinische Beratung. Bei Bedarf sollte vor einer kohlenhydratreduzierten Ernährungsumstellung ein Arzt konsultiert werden. Die Autorin übernimmt von daher keine Haftung oder Verantwortung für eventuell entstehende Schäden.*

Inhalt

Vorwort

1. VORWORT

»Junkfood« und Fastfood sind ungesund, machen dick und sind schlecht für uns. Aber schmecken so gut. Was für ein schreckliches Dilemma, denn trotz gesünderer Ernährung auf lieb gewonnene Leckereien verzichten? Niemals, es muss auch anders gehen! Also machte ich mich auf die Reise durch das Fastfood-Schlaraffenland, um die Klassiker der Fastfood-Küche Low-Carb-tauglich zu interpretieren. Fastfood-Geschmack geht nämlich auch gesund, in Kombination mit mehr Gemüse und weniger Kohlenhydraten.

Wohl dem, der gerne Pizzabaguette auf dem Sofa knabbert und das gelegentlich ohne schlechtes Gewissen tun mag. Die Rezepte für den sündenfreien Genuss finden Sie hier im Buch.

Dazu gibt es eine Reihe von Partyrezepten, die garantiert die Stimmung kochen lassen werden. Und seien Sie sicher: Niemand wird am Ende fragen, was da wohl Komisches auf dem Buffet oder Tisch stand, sondern man wird Ihnen erst die Leckereien und dann die Rezepte aus den Händen reißen. Trauen Sie sich, denn auch bei Partys oder wenn Gäste im Haus sind, müssen Sie die geliebte Low-Carb-Ernährung nicht über Bord werfen.

Ich wünsche Ihnen viel Freude mit den leckeren Kreationen und lassen Sie es ruhig mal krachen. Immer perfekt und vernünftig sein ist doch mehr etwas für Langweiler und Genussbremsen, aber nicht für uns.

Ihre

Bettina Meiselbach

Weniger Gewicht und dabei lecker geschlemmt

2. WENIGER GEWICHT UND DABEI LECKER GESCHLEMMT

Ich will einfach alles und nicht weniger!

Gerne gegessen habe ich immer schon. Das, in Kombination mit verschiedenen anderen ungünstigen Faktoren, wurde mir zum Verhängnis, denn über die Jahre hatte sich ein stattliches Übergewicht angesammelt. Mehr als 130 kg waren es im Jahr 2013, und das ist schon beträchtlich. Ehrlich gesagt war es in erster Linie ungesund und auch massiv einschränkend, was die persönliche Lebensqualität angeht. Glücklich geht anders, das wurde mir damals schmerzlich bewusst.

Allerhöchste Zeit, dem Leben eine andere Richtung zu geben.

So machte ich mich auf den Weg und habe innerhalb von 18 Monaten fast 60 kg Körpergewicht verloren. Dabei setzte ich voll auf eine ausgewogene Low-Carb-Ernährung, die, über einen hohen Gemüseanteil, ein Kaloriendefizit erzeugte und, durch den Anteil an Eiweiß und Fett, lange satt machte und mich dazu mit allem versorgte, was mein Körper brauchte. Heißhunger verflüchtigte sich und ich fühlte mich vitaler und besser, als das über sehr viele Jahre der Fall gewesen war. Das Gewicht purzelte und ich war immer wieder irritiert, wie leicht mir die Ernährungsumstellung gefallen ist. Ich fühlte mich angekommen und mein Körper hat alle möglichen Signale gesendet, dass dem auch wirklich so ist.

Bei dem Vorhaben, mich fast zu halbieren, musste ich einen langen Weg zurücklegen. Wenn es nicht um 10, sondern um 60 kg geht, ist die Perspektive eine andere und alles, was schnell Gewichtsverlust verspricht, keine ernsthafte Option. Wer gerne und gut isst, will keine Jahre mit Shakes oder Punkten verbringen, sondern das, was

auf dem Teller liegt, muss schmecken, und die Umsetzung des Ernährungskonzeptes muss einfach sein und auch ein gewisses Maß an Flexibilität mitbringen.

Wenn das, was da ist, nicht passt.

Da die meisten gängigen Low-Carb-Konzepte mir entweder nicht schmeckten oder auch zu dogmatisch und belehrend um die Ecke kamen, machte ich meinen eigenen Stiefel und ging meinen eigenen Weg mit Happy Carb. Wie muss Low Carb sein, damit es zu mir passt, kreiste es in meinem Kopf.

Gut essen, gesund und schlank werden und auch bleiben muss doch gehen. Zum Teufel nochmal! In der Folge habe ich mich sehr intensiv mit Ernährungsfragen beschäftigt und habe viel gelernt und meine eigenen Schlüsse gezogen.

Was passiert, wenn gesundes Essen lecker schmeckt.

Nebeneffekt war, wie gesagt, dass ich heute, also mehr als fünf Jahre später, sehr viel weniger Gewicht auf den Rippen habe, wieder agil am Leben teilhabe und insgesamt mehr Energie und Freude mein Dasein bereichern. Dazu ist es mir gelungen, meine damals ebenfalls diagnostizierte Diabetes-Typ-2-Erkrankung, über die kohlenhydratreduzierte Ernährung, ohne Medikamente unter Kontrolle zu halten und nicht die Krankheit hat mich im Würgegriff.

Natürlich ist mein Weg nicht für jeden Menschen passend, denn wir sind alles Individuen mit unterschiedlichen Bedürfnissen und Wünschen. Aber inzwischen sind über meinen Happy-Carb-Blog so viele Leser/innen glücklich mit meiner unkomplizierten und leckeren Ernährung, dass Happy Carb nicht nur für mich, sondern für ganz viele Menschen eine Erfolgsgeschichte wurde.

Ja, ich esse heute anders als früher und auch anders, als das andere Menschen tun oder teilweise gegensätzlich zu dem, was irgendwelche offiziellen Ernährungsvortänzer empfehlen. Passt aber für mich, und das ist mein Maßstab, denn sonst wäre ich nicht da, wo ich heute bin.

Seien Sie ein wenig wie Pippi Langstrumpf!

Machen Sie sich die Welt, widde widde, wie sie Ihnen gefällt. Es braucht dazu weniger, als Sie vielleicht denken und später geht es Ihnen vielleicht so wie mir, dass ich mich wundere, dass ich nicht viel früher wusste, wie lecker die Low-Carb-Ernährung ist und wie glücklich man damit werden kann. Dafür stehe ich mit Happy Carb aus vollster Überzeugung.

Ich beschließe das Kapitel mit dem Zitat der wunderbaren Astrid Lindgren, das auch auf die Ernährung übertragbar ist:

«Freiheit bedeutet, dass man nicht unbedingt alles so machen muss wie andere Menschen.»

Mein Happy-Carb-Prinzip

3. MEIN HAPPY-CARB-PRINZIP

Als ich mich mit den unterschiedlichen Low-Carb-Varianten beschäftigt habe, hat mir überall etwas zugesagt, und anderes fand ich blöd. Also habe ich mir meine eigenen Regeln gemacht, mit denen ich erfolgreich abgenommen habe und gleichzeitig meine Diabetes-Typ-2-Erkrankung in die Schranken gewiesen habe.

Bunt, gesund und sehr flexibel. So funktioniert Happy Carb:

Kohlenhydrate einschränken auf eine Menge von 50–100 g pro Tag.

Bevorzugt essen: Reichlich buntes Gemüse und Salat, gelegentlich Hülsenfrüchte wie Linsen, Bohnen und Kichererbsen, zuckerarmes Obst in kleinen Mengen, Haferkleie und daraus hergestellte Backwaren.

Vermeiden zu essen: Getreideprodukte, Weizen, Dinkel, Roggen, Hafer (außer meiner geliebten Haferkleie), Nudeln, Backwaren, Reis, Kartoffel, Mais, verschiedene Zucker/arten (enden mit -ose), Bananen, Trauben, Trockenobst, Süßigkeiten und ewig haltbare Fertiggerichte mit langen Zutatenlisten.

Eiweiß reichlich essen in einer Menge von 1–1,5 g Eiweiß pro Kilogramm Normalgewicht (Körpergröße in Zentimeter – 100).

Das Eiweiß in Form von »magerem« Fleisch (auf das Fett zumindest während der Abnehmphase wegen der eingeschränkten Energiezufuhr achten) und jeder Sorte Fisch (dabei regelmäßig fetten Fisch wegen der Omega-3-Fettsäuren) verzehren. Milchprodukte so fett, wie es der gute Geschmack erfordert. Finger weg von Light-Produkten. Gerne Eier, und auch ein hochwertiges Eiweißpulver als Zutat in der Küche erhöht die Zufuhr an gesundem Eiweiß. Keine Angst davor.

Gute Fette genießen, ca. 1–1,5 g pro Kilogramm Normalgewicht (Körpergröße in Zentimeter – 100).

Bevorzugen: Olivenöl, Kokosöl (Kokosprodukte), Avocados, Butter aus Weidemilch Nüsse – besonders Macadamias – und Nussöle, natives Bio-Rapsöl, Leinöl.

Reduzieren: Sonnenblumenöl, Sojaöl, Maiskeimöl, Distelöl, Traubenkernöl.

Vermeiden: Transfette und industriell verarbeitete gehärtete Fette, die häufig in Fertigprodukten vorkommen.

Sie sehen schon anhand der Bandbreiten bei den Makronährstoffen, dass genügend Spielraum da ist, die Ernährung abwechslungsreich und bunt zu gestalten. Kein Tag muss wie der andere aussehen. Eine bunte Palette von Lebensmitteln können in den Speiseplan integriert werden.

Auch können Sie über die Stellschrauben Kohlenhydrate und Fett die Kalorienzufuhr in Richtung Gewichtsverlust oder eben auch in Richtung Gewichtserhaltung drehen.

Mir war einfach wichtig, dass die Ernährung durch die Einhaltung dieser schlichten Regeln sich automatisch sinnvoll gestaltet, ohne dass ich mich selbst mit ständigem Überwachen der Nährwerte und der Energiezufuhr terrorisieren musste. Das Leben bietet doch schönere Dinge, als das eigene Dasein permanent zu überwachen und zu optimieren.
Viel Freude bei der Umsetzung!

www.happycarb.de

Manchmal muss es Low Carb lecker krachen

4. MANCHMAL MUSS ES LOW CARB LECKER KRACHEN

Warum nicht einfach kohlenhydratreich sündigen? Wenn schon, denn schon. Das häufig die Meinung, wenn ich im Happy-Carb-Blog Rezepte aus der Hochkultur der Fastfood-Küche veröffentliche und dabei immer darauf achte, die kohlenhydratreichen Bestandteile der beliebten Mahlzeiten gesünder zu ersetzen.

Ich kann den Gedanken verstehen, denn auch die Rezepte hier im Buch sprengen gelegentlich den vernünftigen Rahmen, was die Kalorienzufuhr angeht, und der Fokus steht klar auf Genuss und Party, weniger auf Abnehmen und schmale Hüften.

Unvernünftig sein macht nun mal hin und wieder richtig Spaß.

Natürlich gibt es auch noch ein ABER. Denn, Fastfood und Partyrezepte, gesund Low Carb, katapultieren Sie nicht zurück in den Heißhunger auf Kohlenhydrate; viele Menschen fallen nach dem Öffnen der kleinen Ausnahmetür wieder zurück in alte Gewohnheiten. Sündigen Sie ruhig mal, was die Kalorienzufuhr angeht und genießen Sie es einfach mit gutem Gewissen. Am nächsten Tag geht es dann, ganz ohne Kohlenhydratkater, einfach und ohne zu zaudern, weiter.

Bitte denken Sie daran, Low Carb ist keine zeitlich begrenzte Reduktionsdiät, um Gewicht zu verlieren, sondern eine langfristige Ernährungsumstellung, die ein ganzes Leben lang taugt und auch in jeder Lebenssituation funktioniert. Und da darf und soll auch gefeiert werden, und da muss es auch mal kräftig im Schlemmerschornstein rauchen.

Warum findet eigentlich jeder Fastfood so toll?

Erst einmal ist es so, dass Essen der Kategorie Fastfood den meisten Menschen überaus gut schmeckt und das schon von Kindesbeinen an. Fastfood bedient nämlich perfekt die Klaviatur der Lecker-Geschmacksnerven.

Werfen wir kurz einen Blick auf die Muttermilch der Fastfood-Küche, den Ketchup. Ob auf dem Burger, zu den Pommes oder auch zur Currywurst. Ohne Ketchup ist kein Fastfood-Leben denkbar. Warum Ketchup so lecker ist? Weil alles drin ist, das unseren Gaumen Yummie rufen lässt. Salzig, säuerlich und ganz viel süß, gepaart mit dem in den Tomaten natürlich enthaltenen Glutamat, entwickelt Ketchup fast schon Suchtcharakter. Dabei ist Ketchup an sich kein schlechtes Lebensmittel, aber der in hohem Maß enthaltende Haushaltszucker verdirbt das Vergnügen. Es wurde also höchste Zeit, ein Ketchuprezept (Siehe Seite 49) zu präsentieren, das ohne zugesetzten Zucker in die Flasche kommt.

Dazu verbinden wir Fastfood häufig mit positiven Gefühlen, die von ganz früher herrühren. Ronald McDonald feiert doch so gerne Kindergeburtstag mit den Kleinen, und die Juniortüten machten jeden Besuch im Schnellrestaurant zum Erlebnis.

Gerade junge Menschen sind häufig von Fastfood begeistert, denn da trifft man sich mit Freunden, kann lässig und bequem essen und muss sich für Gemüseunlust nicht rechtfertigen. Die Geschmackssensoren werden also früh geeicht, und wir fühlen uns doch auch mit fortgeschrittenem Alter noch etwas verwegen, wenn wir gemütlich und lecker einen Burger aus der Hand schmausen.

Etwas später geht es deshalb dann hier im Buch darum, genau dieses Geschmackserlebnis gesünder zu interpretieren, damit das verwegene Lebensgefühl erhalten bleibt.

Herkömmliches Fastfood macht gefräßig!

Die Kombination von hohem Fettanteil in der Mahlzeit mit den üblicherweise reichlich enthaltenen Kohlenhydraten, in Form von Brötchen, Pommes oder auch Zucker, signalisieren dem Hirn kalorienreiche Kost und damit günstiges Essen, um Reserven anzufuttern. Da schlägt unser evolutionäres Erbe voll durch, denn wir sind dazu angelegt, uns für schlechte Zeiten Reserven in Form von Körperfett zu speichern. Die Dauerverfügbarkeit von solch verlockenden Lebensmitten bei gleichzeitig immer weniger Bewegung hat unsere Gesellschaft über die Jahre immer dicker gemacht.

Beachten Sie deshalb, auch wenn es besser ist, Fastfood und Co. in Low Carb zu genießen, gerade um die zuckerindizierte Gefräßigkeit nicht aufleben zu lassen, ist nicht jedes Gericht dazu geeignet, tagtäglich gegessen zu werden. Wie immer macht die Dosis das Gift. Wenn Sie also wissen, dass Sie am Abend einen gigantischen Double Cheeseburger mit Bacon schlemmen werden, dann belassen Sie es doch einfach an dem Tag bei zwei Mahlzeiten. Gerade wenn Sie sich Low Carb ernähren, wird es Ihnen erstaunlich leichtfallen, bei Bedarf eine kleine Nahrungspause einzulegen, ganz ohne Leistungstief. Ihr Körper wird es Ihnen danken. Glauben Sie mir!

Natürlich gibt es auch Rezepte im Buch, die für jeden Tag geeignet sind. Aber bei der einen oder anderen Leckerei lohnt auch ein Blick auf die Nährwerte, um nicht irgendwann eine Überraschung zu erleben.

Nur bitte, genießen Sie, feiern Sie, verwöhnen Sie Ihre Freunde und Familie mit Low-Carb-Leckereien, bei denen die Stimmung kocht und man Sie sicher begeistert nach den Rezepten fragen wird.

Ein bisschen Low-Carb-Spaß muss sein. Sich alles verbieten können Sie dann ja immer noch, wenn Sie tot sind.

BETTI'S DINER
Fastfood- und
Partyrezepte
Low Carb
50 Lieblingsgerichte und Snacks,
die glücklich machen

50 LIEBLINGSREZEPTE UND SNACKS, DIE GLÜCKLICH MACHEN

Bitte beachten Sie, dass sich die Rezepte immer auf eine unterschiedliche Anzahl von Portionen/Personen beziehen. Die genaue Information finden Sie direkt bei jedem einzelnen Rezept.

Alle Rezepte sind mit Nährwertangaben versehen. Basis der Berechnung sind die von mir tatsächlich verwendeten Zutaten. Abweichungen und Fehler sind trotz aller Sorgfalt nicht ausgeschlossen.

BETTI'S MENU

Pizza, Pizza. Fastfood Numero Uno

Seit die Pizza in der Mitte des achtzehnten Jahrhunderts in Neapel das Licht der Welt erblickt hat, hat sie einen glorreichen Siegeszug rund um die Welt angetreten und ist auch bei uns zum Fastfood Nummer 1 geworden. Die Welt läuft einfach nicht rund ohne den beliebten Teigfladen mit Belag, der ursprünglich aus einem dünnen Teig bestand und nur mit Tomate, Mozzarella und Basilikum belegt war. Wegen des Teigbodens sonst nicht passend in der Low-Carb-Ernährung, gibt hier nun fast perfekte Alternativen und dazu Pizzageschmack auch mal ganz anders.

Schüttelpizza bolognese

3 Portionen

15 ml Olivenöl, nativ extra
300 g mageres Rinderhackfleisch
125 g rote Zwiebel, gehackt
100 g Staudensellerie, gewürfelt
50 g Tomatenmark, einfach konzentriert
(andere Konzentration, Menge anpassen)
½ TL rote Currypaste
1 EL Pizzagewürz, (alternativ Oregano, getrocknet)
200 g Hüttenkäse/körniger Frischkäse, 20 % Fett
75 g mittelalter Gouda, gerieben
3 Eier, Größe M, mit Salz und Pfeffer zu Rührei verquirlt
25 g Haferkleie (alternativ 15 g Flohsamenschalen)
150 g rote Paprika, in kleine Würfel geschnitten
25 g getrocknete Tomaten (nicht die in Öl), klein geschnitten
Salz und Pfeffer

Den Backofen auf 175 Grad Umluft vorheizen.

In einer Pfanne das Olivenöl moderat erwärmen und das Hackfleisch krümelig braten. Nun noch die Zwiebelwürfel und den Staudensellerie hinzufügen und gemeinsam für 5 Minuten braten. Anschließend das Tomatenmark, die Currypaste, das Pizzagewürz und Salz und Pfeffer dazugeben. Alles in der Pfanne mischen und lauwarm abkühlen lassen.

Alle restlichen Zutaten mit der Hackfleischmischung in eine große Schüssel geben. Deckel drauf und schütteln, was das Zeug hält. Oder kraftsparender alle Zutaten in eine Schüssel geben und mit der Küchenmaschine bzw. Rührgerät verrühren.

Die Mischung für die Low-Carb-Schüttelpizza auf ein mit Backpapier vorbereitetes Blech geben und über die komplette Fläche gleichmäßig verteilen und glattstreichen. Für 30–35 Minuten backen.

Nährwerte pro Portion:
Kalorien: 569, Fett: 34,1 g, Kohlenhydrate: 15,7 g, Eiweiß: 45,7 g

Wenn die Pizza sich mit der Bolognese vereint ...

Pizzabaguette Hawaii

4 Portionen

Für die die Baguettes:
100 g Haferkleie
50 g Kokosmehl
2 Eier, Größe M
250 g Griechischer Joghurt, 10 % Fett
1 TL Salz
1 TL Backpulver
2 TL heller Balsamico-Essig
1 EL Oregano, getrocknet

Für den Belag:
200 ml Ketchup, zuckerfrei (Rezept Seite 49)
200 g gekochter Schinken, in kleine Würfel geschnitten
200 g frische Ananas, in kleine Würfel geschnitten
150 g Appenzeller-Käse, gerieben

Backofen auf 175 Grad Umluft vorheizen.

Alle Zutaten für die Baguettes in einer Rührschüssel mit der Küchenmaschine oder Handrührgerät vermischen. Anschließend den Teig 15 Minuten quellen lassen. Den Teig nun auf einem mit Backpapier ausgekleideten Backblech in Form von 2 etwas platteren Baguettes formen und 30 Minuten backen. Die Baguettes früh genug backen, damit diese auskühlen können.

Vor dem Belegen die Baguettes längs einmal durchschneiden und auftoasten.

Die Pizza-Baguettes mit dem Ketchup bestreichen und die Schinkenwürfel und die Ananas darauflegen. Zum Schluss den Käse üppig verteilen. Für 20 Minuten in den Ofen zum Überbacken. Schmeckt warm und kalt wunderbar, also auch perfekt zum Mitnehmen.

Nährwerte pro Baguette:
Kalorien: 529, Fett: 27,3 g, Kohlenhydrate: 30,1 g, Eiweiß: 34,4 g

Aloha grüßt es aus dem Backofen …

Pizza-Kürbisauflauf

5 Portionen

Für die Tomatensoße:
15 ml Olivenöl, nativ extra
50 g rote Zwiebel, fein gehackt
1 kleine Knoblauchzehe, fein gehackt
400 ml gehackte Tomaten, aus der Dose
300 g Kirschtomaten, geviertelt
30 g Tomatenmark, einfach konzentriert
(andere Konzentration, Menge anpassen)
2 TL heller Balsamico-Essig
1 TL Erythrit
2 TL Oregano, getrocknet
Salz und Pfeffer

Für den Pizza-Kürbisauflauf:
15 ml Olivenöl, nativ extra
85 g Zwiebel, fein gehackt
1,25 kg Butternut-Kürbis, grob geraspelt (alternativ Blumenkohl geraspelt)
300 g gekochter Schinken, in Streifen geschnitten
100 g Salami, in Streifen geschnitten
250 g grüne Paprika, in Streifen geschnitten
75 g Cheddar, herzhaft, gerieben
125 g Mozzarella, fein gewürfelt
50 g Parmesan, fein gerieben

Den Backofen auf 180 Grad Umluft vorheizen.

In einem kleineren Topf das Olivenöl für die Tomatensoße erhitzen und die Zwiebelwürfel glasig dünsten. Dann den Knoblauch 1–2 Minuten mitbraten. Mit den gehackten Dosentomaten, den Kirschtomaten und dem Tomatenmark ablöschen. Den Balsamico-Essig, das Erythrit, den Oregano und Salz und Pfeffer zufügen. Für 20 Minuten ohne Topfdeckel köcheln lassen.

Während die Tomatensoße kocht, in einem weiteren größeren Topf einen Esslöffel Olivenöl erhitzen und die Zwiebelwürfel für den Auflauf glasig braten. Dann die Kürbisraspel zufügen und diese für 7–8 Minuten unter Rühren braten.

Anschließend eine große Auflaufform nehmen und den Boden mit einer Schicht Kürbisgeraspeltem bedecken. Darauf von der Tomatensoße verteilen und darüber Schinken- und Salamistreifen und von der grünen Paprika geben. Jetzt noch mit einem Teil Cheddar bestreuen, und dann kommt wieder von den Kürbisraspeln. So fortfahren und schichten, bis alle Zutaten aufgebraucht sind. Zum Schluss noch den Mozzarella mit Parmesan mischen und auf dem Pizza-Kürbisauflauf verteilen. Den Auflauf für 40 Minuten in den Ofen stellen. Bei Bedarf mit Alufolie abdecken, wenn der Auflauf zu dunkel wird.

Nährwerte pro Portion:
Kalorien: 521, Fett: 28,2 g,
Kohlenhydrate: 30,1 g,
Eiweiß: 34,2 g

Pizza Pesto

4 Portionen

Für den Teigboden:
250 ml Buttermilch
3 Eier, Größe M
30 g Flohsamenschalen
40 g Eiweißpulver, Natural
45 g Kokosmehl
1 TL Backpulver
1 TL Salz
1 TL heller Balsamico-Essig

Für den Belag:
100 ml Ketchup, zuckerfrei (Rezept Seite 49)
100 g pikante Peperonisalami, in Scheiben geschnitten
125 g rote Zwiebel, in Ringe geschnitten
125 g Mozzarella, in kleine Würfel geschnitten
50 g Basilikum-Pesto

Den Backofen auf 180 Grad Umluft vorheizen.

Alle Zutaten für den Teig auf einen Schlag in eine Rührschüssel geben und zu einem Teig verrühren. Den Teig einige Minuten quellen lassen und mit feuchten Fingern auf ein mit Backpapier vorbereitetes Blech geben. Möglichst dünn verteilen. Für 20–25 Minuten backen.

Dann den Teig aus dem Ofen holen und das Ketchup darauf verstreichen. Anschließend die Salami, die Zwiebelringe und die Mozzarellawürfel auf die Pizza geben. Nun noch das Basilikum-Pesto, jeweils etwa ein halber Teelöffel, auf der Pizza verstreut punktuell verteilen. Danach für weitere 15–20 Minuten zurück in den Ofen damit und fertigbacken.

Nährwerte pro Portion:
Kalorien: 412, Fett: 26,2 g, Kohlenhydrate: 10,2 g, Eiweiß: 29,8 g

Da war noch so ein Rest Pesto im Kühlschrank …

Blumenkohlpizza Napoli

3 Portionen

Für die Napoli-Soße:
15 ml Olivenöl, nativ extra
250 g Kirschtomaten, geviertelt
50 g Tomatenmark, einfach konzentriert
(andere Konzentration, Menge anpassen)
50 ml Ketchup, zuckerfrei (Rezept Seite 49)
2 TL Zwiebelgranulat (gibt es im Gewürzregal)
1 TL Gemüsebrühe, als Pulver
2 TL Oregano, frisch oder getrocknet
1 TL heller Balsamico-Essig
1 TL Erythrit
1 TL Worcester-Sauce
Salz und Pfeffer

Für den Blumenkohlboden:
700 g Blumenkohl, grob geraspelt
2 Eier, Größe M
50 g Parmesan, fein gerieben
10 g Flohsamenschalen
Salz und Pfeffer

Schmeckt wie bei Mamma Miracoli …

Zum Bestreuen:
25 g Parmesan, fein gerieben
125 g Mozzarella, in kleine Würfel geschnitten

Den Backofen auf 175 Grad Umluft vorheizen.

Einen nicht zu großen Topf mit dem Olivenöl erhitzen und die Kirschtomaten kurz anbraten. Dann alle anderen Zutaten für die Soße zufügen. Für 25 Minuten kochen lassen und dann mit dem Pürierstab zerkleinern. Mit Salz und Pfeffer abschmecken.

Den geraspelten Blumenkohl in eine Ofenform mit viel Fläche geben und für 25 Minuten in den Backofen stellen. Dreimal während der Zeit durchmischen. Der Blumenkohl soll angeröstet werden und gleichzeitig Feuchtigkeit verlieren. Anschließend abkühlen lassen und immer wieder mischen, damit Dampf entweichen kann.

Nun den gerösteten Blumenkohl mit den Eiern, dem geriebenen Parmesan und den Flohsamenschalen mischen. Mit Salz und Pfeffer würzen. Auf einem mit Backpapier ausgelegten Blech dünn verteilen und unbelegt für 20 Minuten in den Ofen schieben.

Danach die Napoli-Soße auf dem vorgebackenen Blumenkohlboden verteilen und die Blumenkohlpizza mit dem restlichen geriebenen Parmesan und dem Mozzarella bestreuen. Zurück in den Backofen für weitere 10–15 Minuten. Die würzige Tomatensoße schmeckt übrigens auch hervorragend zu Gemüsenudeln.

Nährwerte pro Portion:
Kalorien: 410, Fett: 23,8 g, Kohlenhydrate: 14,1 g, Eiweiß: 27,7 g

Pizza Diavolo

3 Portionen

Für den Mozzarella-Teig:
30 g Mandelmehl, nicht entölt
30 g Eiweißpulver, Natural
30 g Goldleinsamen, geschrotet
1 TL Salz
½ TL Erythrit
½ TL Backpulver
125 g Mozzarella, in kleine Würfel geschnitten
30 g Olivenöl, nativ extra
1 Ei, Größe M

Für die Tomatenbasis:
100 ml Ketchup, zuckerfrei (Rezept Seite 49)
1 Knoblauchzehe, gehackt
1 rote Chilischote, fein gewürfelt

Zum Belegen der Pizza Diavolo:
75 g pikante Peperonisalami, in Scheiben geschnitten
125 g rote Zwiebel, in Ringe geschnitten
75 g italienischer roher Schinken, in Scheiben
50 g Parmesan, fein gerieben

Den Backofen auf 180 Grad Umluft vorheizen.

Die trockenen Zutaten für den Pizzateig in einer Schüssel vermischen. Den Mozzarella, das Olivenöl und das Ei gemeinsam mit dem Pürierstab pürieren. Die Masse in eine Rührschüssel geben und nach und nach die trockene

Mischung unterrühren. Den klebrigen Teig dünn auf einem Blech mit Backpapier verteilen. Ohne Belag für 15 Minuten vorbacken.

Für die Tomatenbasis den Ketchup mit der gehackten Knoblauchzehe und der Chilischote verrühren. Dann den Pizzaboden aus dem Ofen holen und mit der pikanten Tomatensoße bestreichen. Danach mit der Peperoniwurst, den Zwiebelringen und dem Schinken belegen. Zum Schluss den Parmesan über der Pizza verteilen und dann die Pizza zurück in den Ofen schieben für weitere 10–15 Minuten.

Natürlich kann der Belag auch noch frei nach Gusto erweitert werden. Champignons, Paprika, Sardellen, wonach immer der Gaumen ruft, schmeckt auf der Pizza Diavolo.

Nährwerte pro Portion:
Kalorien: 627, Fett: 45,4 g, Kohlenhydrate: 7,4 g, Eiweiß: 41,6 g

Der knusprige Boden bietet Pizzaerfüllung in Low Carb ...

Jetzt burgert es mal so richtig

Die Vielzahl an Fastfood-Tempeln mit Burgern und Co. in der Welt sprechen Bände, was flächendeckend schmeckt und gerne gegessen wird. Nur konsequent, dem Thema Hamburger ein eigenes Kapitel zu widmen und dort, neben dem klassischen Burger, auch Burgerideen jenseits der befüllten Brötchen zu servieren. Burgern Sie doch mal Low Carb, denn so schmeckt es grandios lecker und tut dazu noch gut. Ihre Bestellung jetzt, bitte!

Low-Carb-Double-Cheeseburger mit Bacon

2 Portionen

Für die beiden Burgerbrötchen:
250 g Petersilienwurzel, geschält und in Stücke geschnitten
100 g Joghurt, Natur, 3,8 % Fett
1 Ei, Größe M
20 g Eiweißpulver, Natural
10 g Goldleinsamen, geschrotet
20 g Kokosmehl
15 g Flohsamenschalen
1 TL Backpulver
1 TL Salz

Der Burger ist gigantisch ...

Für die 4 Burger-Patties:
400 g mageres Rinderhackfleisch
15 g Kokosöl, zum Braten
4 Scheiben Cheddar, herzhaft
4 Scheiben Bacon
Salz und Pfeffer

Für die Salatbeilage:
100 g rote Zwiebel (2 Scheiben aus der Mitte, den Rest grob gewürfelt)
1 TL Erythrit
150 g Tomate (4 Scheiben und den Rest gewürfelt)
100 g Romana-Salat, klein geschnitten (2 Blätter für den Burger ganz lassen)
150 g Griechischer Joghurt, 10 % Fett

2 TL Sahne-Meerrettich
1 EL heller Balsamico-Essig
Salz und Pfeffer

Für die Burger-Soße:
60 ml Ketchup, zuckerfrei (Rezept Seite 49)
1 TL Senf, mittelscharf
25 g Frischkäse
50 g Gewürzgurke, fein gewürfelt
1 EL Gurkenwasser (aus einem Glas Gewürzgurken)
1 TL Erythrit

Den Backofen auf 175 Grad Umluft vorheizen.

Die Petersilienwurzelstücke rösten (30 Minuten im Ofen oder 12 Minuten in der Mikrowelle bei 600 Watt), gut ausdampfen lassen und dann pürieren. Es bleibt etwa 125 g Petersilienwurzelpüree übrig.

Alle Zutaten für den Teig in einer Schüssel mischen. Aus dem Teig 2 flache Burgerbrötchen formen und auf ein mit Backpapier ausgelegtes Backblech legen. Für 35–40 Minuten backen und abkühlen lassen. Wenn das Brötchen zu dunkel wird, dann nach etwa 25 Minuten abdecken bzw. in Alufolie hüllen. Das Brötchen behält einen etwas feuchten knatschigen Kern und ist durch die Petersilienwurzel süßlich aromatisch.

Das Hackfleisch mit Salz und Pfeffer würzen, zu 4 dünnen Patties formen und im Kokosöl in einer Pfanne kurz scharf von beiden Seiten anbraten. Es reicht je 1 Minute, aber wirklich die Pfanne gut aufheizen.

Die Fleischpatties in eine Auflaufform legen und jeweils eine Scheibe Cheddar darauflegen. Die beiden Zwiebelscheiben ebenfalls in die Auflaufform geben, neben die Patties. Die Zwiebelscheiben mit etwas Erythrit und Salz bestreuen. Die Patties mit den Zwiebelscheiben für 10 Minuten im

Ofen backen. In der Zwischenzeit in der Pfanne auf dem Herd nun noch die Bacon-Scheiben kross braten.

Den Romana-Salat mit den Tomatenwürfeln und der gehackten Zwiebel auf einem Teller anrichten. Die Zutaten für das Salatdressing mischen und direkt auf dem Salat verteilen.

Für den Double-Cheeseburger mit Bacon die Brötchen aufschneiden und die Schnittflächen toasten. Die Zutaten für die Burger-Soße verrühren und Unterseiten der Brötchen mit ein wenig von der Burger-Soße bestreichen. Dann die einzelnen Salatblätter darauflegen. Je zwei Cheeseburgerpatties übereinander auf die Brötchen geben und darauf dann die Scheibe Tomate und die geröstete Zwiebel stapeln. Darüber Burger-Soße verteilen und noch locker den Bacon auflegen. Nun noch den Deckel vom Brötchen drauf und die Maulsperre ist fertig.

Der Burger ist sehr mächtig und eignet sich auch zum Teilen. So können von den 2 Burgern durchaus auch 4 Personen satt werden.

Nährwerte pro Portion:
Kalorien: 1130, Fett: 72,8 g,
Kohlenhydrate: 26,7 g,
Eiweiß: 84,7 g

Raclette-Butternut-Burger mit Salat

4 Portionen

8 Scheiben (800 g) vom massiven Teil des Butternut-Kürbisses von etwa 1–2 cm Stärke (alternativ Kohlrabi, in dicke Scheiben geschnitten)
20 ml Olivenöl, nativ extra

Für die Burger-Patties:
500 g mageres Rinderhackfleisch
15 g Kokosöl, zum Braten
4 Scheiben Raclette-Käse
Salz und Pfeffer

Für die Salatbeilage:
300 g Tomaten, 4 ganze Scheiben und den Rest gewürfelt
100 g Snack-Gurken, in Scheiben geschnitten
150 g rote Paprika, in Streifen geschnitten
150 g Romana-Salat, klein geschnitten (4 Blätter für den Butternut-Burger ganz lassen)
150 g Griechischer Joghurt, 10 % Fett
2 TL Sahne-Meerrettich
1 EL heller Balsamico-Essig
1 TL Erythrit
Salz und Pfeffer

Für die Burger-Soße:
60 ml Ketchup, zuckerfrei (Rezept Seite 49)
1 TL Senf, mittelscharf
25 g Frischkäse
50 g Gewürzgurke, fein gewürfelt

Hausgemachte Patties zwischen Gemüse …

1 EL Gurkenwasser (aus einem Glas Gewürzgurken)
1 TL Erythrit

Den Backofen auf 175 Grad Umluft vorheizen. Ein Backblech mit Backpapier bedecken.

Die 8 Scheiben Butternut-Kürbis mit Olivenöl bestreichen, salzen und pfeffern und für 20 Minuten im Ofen backen. In der Zwischenzeit das Hackfleisch mit Salz und Pfeffer würzen, zu dünnen Patties formen und im Kokosöl in einer Pfanne kurz scharf von beiden Seiten anbraten. Es reicht je 1 Minute, aber wirklich die Pfanne gut aufheizen. Die Patties mit der Pfanne (wenn der Griff ofenfest ist) für 10 Minuten in den Ofen zu den Kürbisscheiben stellen. Dann aus dem Ofen nehmen und die Raclettescheiben auf die heißen Patties legen.

Die Zutaten für den Beilagensalat mischen. Die Bestandteile des Salatdressings anrühren und auf dem Salat verteilen. Die Zutaten für die Burger-Soße verrühren.

Auf den Teller eine Scheibe gerösteten Butternut geben. Ein Blatt Salat darauflegen. Nun den mit Käse belegten Pattie auf den Burger legen. Tomatenscheibe und Burgersoße drauf und dann nur noch den Butternut-Deckel auflegen.

Nährwerte pro Portion:
Kalorien: 610, Fett: 37,7 g, Kohlenhydrate: 26,8 g, Eiweiß: 39,2 g

Cheesy-Creamy-Burger-Salat

2 Portionen

Für die Salatbasis:
200 g Eisbergsalat, in Stücke geschnitten
40 g rote Zwiebel, gehackt
150 g Kirschtomaten, halbiert
80 g Gewürzgurken, in Scheiben geschnitten

Für das Cheesy-Creamy-Burger-Dressing:
1 frisches Eigelb, Größe M
30 ml Olivenöl, nativ extra
5 ml heller Balsamico-Essig
1 TL Senf, mittelscharf
1 TL Erythrit
25 g Gewürzgurke, fein gehackt
50 g Silberzwiebeln, fein gehackt
1 Knoblauchzehe, fein gehackt
½ TL Paprikapulver, rosenscharf
Salz und Pfeffer

Für das Hacktopping:
250 g mageres Rinderhackfleisch
10 ml Olivenöl, nativ extra
75 g Cheddar, herzhaft, gerieben
Salz und Pfeffer

Den Backofen auf 175 Grad Umluft vorheizen.

Für die Salatbasis den Eisbergsalat auf zwei große tiefe Teller geben. Die Zwiebelwürfel, die Tomatenhälften und die Gewürzgurkenscheiben darauf verteilen.

Für das Cheesy-Creamy-Burger-Dressing das Eigelb mit dem Stabmixer aufschlagen und dann das Olivenöl langsam bei laufendem Mixer hinzugießen. Die entstehende Mayonnaise mit den restlichen Zutaten für das Salatdressing in einen größeren Behälter füllen und anschließend alles gemeinsam pürieren.

Das Rinderhack in einer ofengeeigneten Pfanne im Olivenöl anbraten, bis es krümelig ist. Mit Salz und Pfeffer kräftig würzen. Dann den Cheddar auf dem Hackfleisch verteilen und die Pfanne für 6–8 Minuten in den Ofen stellen.

Das Rinderhack mit überbackenem Käse auf die Salatteller geben und das Dressing darüber verteilen. Mit etwas Gewürzgurke, Tomate und Zwiebel dekorieren.

Nährwerte pro Portion:
Kalorien: 655, Fett: 49,5 g, Kohlenhydrate: 9,6 g, Eiweiß: 39,5 g

Cremig würziger
Burgergeschmack …

Cheeseburger-Bolognese mit Zucchini-Nudeln (Zudeln)

Cheeseburger ganz alltags- und hüftentauglich ...

4 Portionen

Für die Cheeseburger-Bolognese:
100 g rote Zwiebel, fein gewürfelt
15 ml Olivenöl, nativ extra
400 g mageres Rinderhack
100 g Baconwürfel
2 TL Erythrit
500 g geschälte Tomaten, aus der Dose
150 g rote Paprika, in Würfel geschnitten
75 g Frischkäse
75 g Cheddar, herzhaft, gerieben
1 EL Senf, mittelscharf
100 g Gewürzgurke, in Würfel geschnitten
Salz und Pfeffer

Für die Zucchini-Nudeln:
2 EL Olivenöl, nativ extra
1,2 kg Zucchini, in Nudelform geschnitten

Die gehackten Zwiebeln in etwas Olivenöl andünsten. Das Hackfleisch und die Baconwürfel hinzugeben und für 4–5 Minuten krümelig braten. Mit Salz und Pfeffer würzen und das Erythrit zufügen. Mit den geschälten Tomaten auffüllen und so für 10–15 Minuten köcheln lassen. Jetzt noch die Paprikawürfel hinzufügen und weitere 10 Minuten kochen lassen.

Im Anschluss an die Kochzeit den Frischkäse und den Cheddar unterrühren. Zum Schluss noch den Senf und die Gurkenstücke hinzufügen und die Soße final mit Salz und Pfeffer abschmecken.

In einem zweiten großen Topf 2 Esslöffel Olivenöl moderat erhitzen und die Zucchini-Nudeln einige Minuten bissfest braten. Die Zudeln gemeinsam mit der Cheeseburger-Soße servieren.

Nährwerte pro Portion:
Kalorien: 601, Fett: 41,4 g, Kohlenhydrate: 15,9 g, Eiweiß: 37,7 g

Happy-Carb-Burger-Menü

3 Portionen

Für die Gemüsepommes:
750 g Gemüse, in Pommesform geschnitten
(Kohlrabi, Steckrübe oder Butternut-Kürbis)
15 ml Olivenöl, nativ extra
1 TL Paprika, rosenscharf
1 TL Currypulver
1 TL Zwiebelgranulat (aus dem Gewürzregal)
Salz und Pfeffer

Für die Burger-Soße:
50 ml Ketchup, zuckerfrei (Rezept Seite 49)
1 TL Senf, mittelscharf
1 EL Sriracha-Soße (wer es nicht scharf mag, lässt sie weg)
25 g Frischkäse
50 g Gewürzgurke, fein gewürfelt
1 EL Gurkenwasser (aus einem Glas Gewürzgurken)
1 TL Erythrit

Für die Salatbeilage:
250 g Fleischtomate, 3 Scheiben und den Rest gewürfelt
100 g rote Zwiebel, 3 Scheiben aus der Mitte, den Rest in Würfel schneiden
150 g Romana-Salat, in Streifen geschnitten
150 g Griechischer Joghurt, 10 % Fett
2 TL Sahne-Meerrettich
1 EL heller Balsamico-Essig
1 TL Erythrit
Salz und Pfeffer

Burger mit Pommes! Was sonst …

Für die Burger-Patties:
375 g mageres Rinderhackfleisch
15 g Kokosöl, zum Braten
3 Scheiben Gouda, mittelalt
Salz und Pfeffer

Den Backofen auf 180 Grad Umluft vorheizen. Die Gemüsepommes in einer Schüssel mit etwas Olivenöl benetzen und würzen. Dann auf ein Blech mit Backpapier legen und für 15 Minuten alleine in den Backofen schieben.

Zwischenzeitlich die Zutaten für die Burger-Soße mischen und den Salat und das Salatdressing vorbereiten.

Das Hackfleisch mit Salz und Pfeffer würzen, zu 3 flachen Patties formen und im Kokosöl in einer Pfanne von beiden Seiten je 2 Minuten braten. Die Patties in eine Auflaufform geben und den Gouda darauflegen. Die Zwiebelscheiben ebenfalls in die Auflaufform neben die Patties legen. Die Zwiebelscheiben mit etwas Erythrit und Salz bestreuen.

Nach den ersten 15 Minuten, in denen die Gemüsepommes alleine im Ofen waren, die Auflaufform mit den Patties über das Gemüsepommes-Blech auf einen Rost stellen und alles gemeinsam für weitere 10 Minuten im Ofen backen. Danach den Grill zuschalten und nochmal 5 Minuten im Backofen mit Grillfunktion rösten.

Den Romana-Salat mit den Tomatenwürfeln und der gehackten Zwiebel auf Tellern anrichten. Das Joghurtdressing darübergeben. Zum Salat je einen Cheese-Pattie auf die Teller legen und eine Scheibe Tomate und die geröstete Zwiebel darauf stapeln. Mit der Burgersoße abschließen. Gemüsepommes dazu und fertig ist das Happy-Carb-Burger-Menü.

Nährwerte pro Portion:
Kalorien: 652, Fett: 42,0 g, Kohlenhydrate: 21,5 g, Eiweiß: 43,6 g

Brotloser Burger Surf and Turf

2 Portionen

Für das Salatbett:
150 g Eichblatt-Salat, in mundgerechte Stücke gezupft
150 g Kirschtomaten, halbiert
150 g orange Paprika, in Streifen geschnitten

Für die Knoblauchsoße:
150 g Griechischer Joghurt, 10 % Fett
50 g Mayonnaise (Rezept Seite 87)
1 gepresste Knoblauchzehe
15 ml Gurkenwasser (aus einem Glas Gewürzgurken)
2 EL Schnittlauch, in Röllchen geschnitten
Salz und Pfeffer

Für die Burger-Garnelen:
15 ml Kokosöl
2 TK-Burger-Patties, vom irischen Angusrind, à 150 g (alternativ Pattie selber machen)
150 g Garnelen, roh, geschält
Salz und Pfeffer

Auf 2 großen Tellern die Zutaten für das Salatbett verteilen. Die Zutaten für die Knoblauchsoße mischen und mit Salz und Pfeffer würzen.

Eine Pfanne mit dem Kokosöl erhitzen und die gefrorenen Burger-Patties 6–8 Minuten von jeder Seite braten. Auf die Packungsinformation achten. Anschließend die gebratenen Patties auf das Salatbett legen. In der Pfanne nun noch die Garnelen für 2–3 Minuten braten und mit Salz und Pfeffer würzen. Die Garnelen über dem Pattie und dem Salat verteilen und die Knoblauchsoße darübergeben.)

Nährwerte pro Portion:

Kalorien: 820, Fett: 65,7 g, Kohlenhydrate: 9,0 g, Eiweiß: 44,2 g

Wer sagt, dass es immer ein Rinderfilet sein muss …

Happy-Chicken-Nuggets mit Currysoße und Salat

3 Portionen

Für die Currysoße:
10 g Kokosöl
50 g Zwiebel, fein gehackt
125 g Apfel, geschält, in kleine Stücke geschnitten
30 g Tomatenmark, einfach konzentriert
(andere Konzentration, Menge anpassen)
75 ml Gemüsebrühe
1/2 TL Senf, mittelscharf
2 TL Currypulver
1 TL heller Balsamico-Essig
15 g Erythrit
Salz und Pfeffer

Untrennbar mit einer Burgerschmiede verwoben ...

Für das Salatdressing:
15 ml heller Balsamico-Essig
15 ml Olivenöl, nativ extra
20 g Frischkäse
2–3 EL Wasser
10 g Schnittlauch, in Ringe geschnitten
1 Prise Erythrit
Salz und Pfeffer

Für den Salat:
200 g Romana-Salat, in Streifen geschnitten
150 g Kirschtomaten, halbiert

150 g rote Paprika, in Streifen geschnitten
150 g Snack-Gurken, in Scheiben geschnitten

Für die Chicken Nuggets:
3 EL Mandelmehl, nicht entölt
2 EL Flohsamenschalen
500 g Hähnchenbrustfilet, in Nuggets geschnitten, mit Salz und Pfeffer gewürzt
2 Eier, Größe M, verquirlt, mit Salz und Pfeffer gewürzt
30 g Kokosöl

Für die Currysoße in einem Topf das Kokosöl erhitzen und die Zwiebelwürfel glasig dünsten. Die Apfelstücke hinzufügen und kurz braten. Dann noch das Tomatenmark untermischen. Mit der Gemüsebrühe ablöschen und für 10 Minuten köcheln lassen. Mit dem Pürierstab zerkleinern und dann die restlichen Zutaten hinzufügen. Mit Salz und Pfeffer abschmecken. Abkühlen lassen.

Die Zutaten für das Salatdressing mit einem Schneebesen mischen. Die Schnittlauchringe am Ende zufügen. Den Salat auf einem Teller anrichten und mit dem Dressing beträufeln.

Für die Panade das Mandelmehl mit den Flohsamenschalen mischen. Die Hähnchenteile durch das Ei ziehen und in der Panade wenden. Das Kokosöl in einer Pfanne erhitzen und darin die Chicken Nuggets braten. Je nach Größe 6–10 Minuten.

Die Currysoße in ein kleines Schälchen geben und die Nuggets und den Salat dazu servieren.

Nährwerte pro Portion:
Kalorien: 546, Fett: 31,0 g, Kohlenhydrate: 17,9 g, Eiweiß: 48,8 g

Ravioli, Bratwurst und Co. Typisch deutsch!

Ravioli und deutsch? Jetzt wird es ganz verrückt. Aber ehrlich, wenn Mutti früher nicht daheim war, hat Papa für die Kinder die Raviolidose geöffnet. So entstand eine heimliche Liebe, der ich auch heute noch hin und wieder fröne, aber natürlich Low Carb. Typisch deutsch wird es dann aber doch noch mit Bratwurst und natürlich Brathähnchen mit Krautsalat.

Und wer kommt schon an einer Pommesbude vorbei, ohne eine Tüte Pommes mit Ketchup auf die Hand. Deftig, lecker und ordentliche Portionen. Dazu ein längst überfälliges hausgemachtes Ketchup-Rezept als das Lebenselixier der Fastfood-Küche. Guten Appetit!

Low-Carb-Ketchup

Ich mag es gerne lecker selbst gemacht …

Ergibt etwa 1,5 l Ketchup, 30 Portionen à 50 ml

2 Lorbeerblätter, getrocknet
3 Nelken
800 g geschälte Tomaten, aus der Dose
690 ml passierte Tomaten
100 g Tomatenmark, einfach konzentriert (andere Konzentration, Menge anpassen)
100 g Staudensellerie, gewürfelt
75 g Zwiebel, in Würfel geschnitten
25 g Ingwer, gehackt
2 TL Senf, mittelscharf
1 TL rote Currypaste (weglassen, wer keine pikante Note mag)
200 ml heller Balsamico-Essig
50 g Gelier-Xucker, 3:1
Salz und Pfeffer

Die Lorbeerblätter und Nelken in einen Teefilter geben und diesen verknoten. Das erspart später die Suche nach den Gewürzen. Einen größeren Topf nehmen und dort alles hineingeben, außer dem Gelier-Xucker. Die Mischung eine Stunde kochen und dabei leicht die Flüssigkeit reduzieren lassen. Dann den Teefilter mit Lorbeer und Nelken aus der Soße nehmen und diese mit einem Pürierstab fein zerkleinern. Als Nächstes den Gelier-Xucker unterrühren. Erneut für 7–8 Minuten kochen lassen. Danach mit Salz und Pfeffer abschmecken. Das selbst gemachte Ketchup heiß in Flaschen abfüllen oder auch einen Teil portionsweise einfrieren.

Nährwerte pro Portion, à 50 ml:
Kalorien: 26, Fett: 0,2 g, Kohlenhydrate: 4,5 g, Eiweiß: 0,8 g

Seelachs mit Remoulade und Bratkohlrabi

4 Portionen

Für die Remoulade:

75 g Mayonnaise (Rezept Seite 87)
100 g Griechischer Joghurt, 10 % Fett
50 g rote Zwiebel, fein gehackt
50 g Gewürzgurke, fein geschnitten
2 TL Kapern, fein gehackt
1–2 Sardellen, fein gehackt
1 EL Dill, frisch oder TK
Salz und Pfeffer

Für die Bratkohlrabi:

900 g Kohlrabi, geviertelt, in bratkartoffelgroße Scheiben geschnitten
500 ml Gemüsebrühe
20 g Butterschmalz
125 g rote Zwiebel, in Ringe geschnitten
75 g Baconwürfel
Salz und Pfeffer

Für den Seelachs:

600 g Seelachsfilets
1 Ei, Größe M, verquirlt und mit Salz und Pfeffer gewürzt
30 g Mandelmehl, nicht entölt
25 g Flohsamenschalen
20 g Butterschmalz

Die Zutaten für die Remoulade verrühren und mit Salz und Pfeffer abschmecken. Wer mag, kann auch noch ein hartgekochtes Ei mit reinschneiden.

Fast wie bei Nordsee ...

Die Kohlrabistücke in Gemüsebrühe für 8–9 Minuten vorkochen und dann abgießen und leicht abkühlen lassen. In einer Pfanne Butterschmalz heiß erhitzen und die Zwiebelringe anbraten. Die Zwiebeln dürfen ruhig Farbe bekommen. Nach 7–8 Minuten noch die Baconwürfel zufügen und gemeinsam für 3–4 Minuten braten. Die Pfanne zur Seite stellen und in einer weiteren großen Pfanne Butterschmalz erhitzen. Darin die vorgekochten Kohlrabibratkartoffeln für 4–5 Minuten braten. Auch hier mit Hitze arbeiten, damit das Gemüse etwas Farbe bekommt. Zum Schluss noch den Inhalt der anderen Pfanne (Zwiebel und Bacon) untermischen und die Bratkohlrabi mit Salz und Pfeffer würzen.

Den Seelachs mit Salz und Pfeffer würzen und dann durch das Ei ziehen. Mandelmehl und Flohsamenschalen mischen und den Fisch damit panieren. Anschließend den Fisch in Butterschmalz für 6–8 Minuten braten.

Die Bratkohlrabi mit dem gebackenen Seelachs und der Remoulade anrichten.

Nährwerte pro Portion:
Kalorien: 621, Fett: 44,2 g, Kohlenhydrate: 13,4 g, Eiweiß: 39,4 g

Ravioli mit Tomatensoße

3 Portionen

Für den Ravioli-Teig:
250 g Mozzarella, vollfett, klein geschnitten
4 Eigelb, Größe M
50 g Eiweißpulver, Natural
20 g Flohsamenschalen
½ TL Kurkuma
1 TL Salz
Eiweißpulver, Natural, zum Pudern des Teiges

Für die Füllung der Ravioli:
250 g Schweinemett/rohes grobes Bratwurstbrät
1 Ei, Größe M
2 EL Haferkleie
½ TL Gemüsebrühepulver
2 TL Zwiebelgranulat (aus dem Gewürzregal)
2 TL Oregano, getrocknet

Für die Tomatensoße:
200 ml passierte Tomaten
50 ml Gemüsebrühe
1 EL Worcester-Sauce
1 TL Sojasoße, hell
50 ml Ketchup, zuckerfrei (Rezept Seite 49)
Salz und Pfeffer

Für die Ravioli den klein geschnittenen Mozzarella gemeinsam mit den Eigelben pürieren. In diese Masse die trockenen Zutaten unterrühren. Den

Teig für etwa 10 Minuten quellen lassen. Dann mit Eiweißpulver bemehlen und mit Hilfe von Frischhaltefolie oder zwischen Backpapier ganz dünn ausrollen. Bei Bedarf immer wieder mit Eiweißpulver einpudern, damit der Teig nicht klebt. Wenn die Dicke nur noch 1 mm ist, dann mit dem Ravioliausstecher oder einem kleineren Glas die Kreise ausstechen. Der Nudelteig funktioniert auch mit der Nudelmaschine, da dann auch immer zwischendurch mit ordentlich Eiweißpulver bestäuben.

Die Zutaten für die Füllung der Ravioli zu einem Fleischteig verarbeiten und in jede kleine Raviolitasche einen halben Teelöffel füllen und dann umklappen und verschließen. Entweder ein Raviolifórmchen verwenden oder den Rand mit einer Gabel zusammendrücken. Die vorbereiteten Ravioli in Salzwasser für etwa 7–8 Minuten köcheln lassen und dann in einem Sieb abtropfen lassen.

In einem Topf die Zutaten für die Tomatensoße erwärmen. Mit Salz und Pfeffer abschmecken. Zum Schluss noch die Ravioli in die Tomatensoße geben und genießen.

Nährwerte pro Portion:
Kalorien: 668, Fett: 43,5 g, Kohlenhydrate: 13,5 g, Eiweiß: 52,8 g

Die gute alte gelb-rote Dose weckt Erinnerungen …

XXL-Raclettepfännchen

4 Portionen

800 g Butternut-Kürbis, geschält, entkernt,
in mundgerechte Stücke geschnitten
250 g rote Spitzpaprika, in grobe Würfel geschnitten
250 g rote Zwiebel, in Stücke geschnitten
250 g braune Champignons, halbiert oder geviertelt
20 ml Olivenöl, nativ extra
Paprika, rosenscharf
75 g Kräuterfrischkäse
150 g Kabanossi, in Würfel geschnitten
250 g gekochter Schinken, in Würfel geschnitten
100 g Party-Garnelen, aus der Kühltheke
75 g Frühlingszwiebel, in Ringe geschnitten
200 g Raclette-Käse, in Scheiben
Salz und Pfeffer

Den Backofen auf 180 Grad Umluft vorheizen.

Eine große Ofenform nehmen und Kürbis, Paprika, Zwiebel und Pilze mischen. Das Olivenöl zufügen und mit Paprikapulver und Salz und Pfeffer würzen. Für 20 Minuten in den Ofen stellen. Wer keinen Kürbis mag bzw. außerhalb der Saison: Man kann auch auf Kohlrabi, Steckrübe, Blumenkohlröschen oder auch Brokkoli zurückgreifen. Als Basis für das überdimensionale Raclettepfännchen einfach das eigene Lieblingsgemüse verwenden.

Die Ofenform nach den 20 Minuten aus dem Ofen nehmen und den Kräuterfrischkäse untermischen. Nun die Kabanossiwürfel, die Schinkenwürfel, die Partygarnelen wie auch die Frühlingszwiebelringe über dem Gemüse verteilen. Dann den Raclettekäse auf die bunte Mischung legen und zurück in den Ofen damit für 15 Minuten zum Überbacken.

Nährwerte pro Portion:
Kalorien: 632, Fett: 37,7 g, Kohlenhydrate: 28,2 g, Eiweiß: 43,6 g

XXL ist jenseits der Figur sehr beliebt …

Brathähnchen mit Tomaten-Krautsalat

2 Portionen

Für den Krautsalat:
500 g Weißkohl, grob geraspelt
100 g Karotte, grob geraspelt
150 g Silberzwiebeln, aus dem Glas, abgetropft, geviertelt
250 g Kirschtomaten, geviertelt

Für das Salatdressing:
50 g Frischkäse
2 EL Ketchup, zuckerfrei (Rezept Seite 49)
1 TL Senf, mittelscharf
1 EL heller Balsamico-Essig
1 TL Erythrit
½ TL Kümmel, ganz
Salz und Pfeffer

1 kleines Bio-Hähnchen, mit der Geflügelschere in 2 Hälften geschnitten
20 ml Olivenöl, nativ extra
1 TL Paprika, rosenscharf
1 TL Currypulver
1 TL Salz
2 TL Erythrit

Den Backofen auf 175 Grad Umluft vorheizen.

Den geraspelten Weißkohl einmal mit einem Liter kochendem Wasser in einem Küchensieb übergießen und abkühlen lassen. Den Weißkohl mit den Karottenraspeln, den Silberzwiebeln und den Kirschtomaten mischen. Die

Zutaten für das Dressing in einem Schälchen mit dem Schneebesen verrühren und dann über den Salat geben. Durchmischen und im Kühlschrank für mehrere Stunden ziehen lassen.

Für das Hähnchen das Olivenöl mit Paprika, Curry, Salz und Erythrit mischen und das Hähnchen damit einreiben. Die beiden Hähnchenhälften in eine Ofenform legen und für 45 Minuten im Backofen braten. Gemeinsam mit dem Krautsalat servieren.

Nährwerte pro Portion:
Kalorien: 765, Fett: 37,0 g, Kohlenhydrate: 26,9 g, Eiweiß: 76,3 g

Zünftige Brathendlküche, nicht nur für Bayern …

Kürbispommes rot/grün

3 Portionen

Für die Kürbispommes:
1 kg Butternut-Kürbis, in Pommes geschnitten (alternativ Kohlrabi, Steckrübe, Karotte oder Petersilienwurzel)
25 ml Olivenöl, nativ extra
2 TL Paprika, rosenscharf
1 TL Currypulver
Salz

Für die Avocado-Mayonnaise:
125 g Avocado, reif, in Stücke geschnitten
1 kleine Knoblauchzehe, fein gehackt
30 ml Olivenöl, nativ extra
20 ml Zitronensaft, frisch gepresst
Salz und Pfeffer

Zusätzlich:
150 ml Ketchup, zuckerfrei (Rezept Seite 49)

Den Backofen auf 185 Grad Umluft vorheizen.

Die Butternut-Pommes nach dem Schneiden mit Küchenpapier abtupfen. So das überschüssige Wasser entfernen. Die Kürbispommes in eine Schüssel geben und das Olivenöl untermischen. Dann Paprika und Curry zufügen. Auf zwei, mit Backpapier belegte, Bleche geben und die Pommes breit verteilen. Nicht übereinanderlegen, sonst werden die Pommes überhaupt nicht kross. Beide Bleche gemeinsam für 20–25 Minuten in den Ofen schieben.

In der Zwischenzeit die Zutaten für die Avocado-Mayonnaise in einen Mixer geben oder mit dem Pürierstab cremig zerkleinern. Mit Salz und Pfeffer abschmecken.

Die Kürbispommes aus dem Ofen nehmen und dann erst salzen. Auf Teller geben und gemeinsam mit der Avocado-Mayonnaise und dem – selbst gemachten – Ketchup servieren.

Nährwerte pro Portion:
Kalorien: 413, Fett: 27,4 g, Kohlenhydrate: 33,8 g, Eiweiß: 5,7 g

Pommes mit Ketchup und Mayo.
So muss Fastfood sein ...

Monster-Bratwurst-Spieße mit Rote-Bete-Feta-Dip

4 Portionen

Für die Monster-Bratwurst-Spieße:
300 g Aubergine, in Scheiben geschnitten
30 ml Olivenöl, nativ extra
400 g rote Paprika, in grobe Stücke geschnitten
400 g Zucchini, längs halbiert, in Stücke geschnitten
300 g Süßkartoffel, in Scheiben geschnitten (alternativ Kohlrabi)
1 EL gehackter Rosmarin
600 g grobe rohe Mini-Bratwürste
Salz und Pfeffer

Für den Rote-Bete-Feta-Dip:
125 g Rote Bete, roh, grob geraspelt
150 g Griechischer Joghurt, 10 % Fett
2 TL heller Balsamico-Essig
75 g Feta, krümelig gehackt
Salz und Pfeffer

Den Backofen auf 180 Grad Umluft vorheizen.

Die Auberginenscheiben mit Olivenöl bestreichen. Das restliche Gemüse mit dem Rest Olivenöl, Rosmarin, Salz und Pfeffer mischen. 4 große Doppel-Grillspieße mit dem Gemüse und der Bratwurst bestücken und in einer Ofenform für 30–40 Minuten braten. Hängt etwas von der Dicke der Bratwurst ab.

In der Zwischenzeit die Zutaten für den Rote-Bete-Feta-Dip mischen, mit Salz und Pfeffer abschmecken und anschließend zu den fertigen Monster-Bratwurst-Spießen servieren.

Nährwerte pro Portion:
Kalorien: 701, Fett: 46,2 g, Kohlenhydrate: 30,3 g, Eiweiß: 38,0 g

Deutsche Bratwurst ist in der ganzen Welt beliebt …

Low-Carb-Mettbrötchen

6 Brötchen / 4 Portionen

Für die Brötchen:
175 ml Mineralwasser mit Kohlensäure
100 g Karotte, fein geraspelt
2 Eier, Größe M
65 g Haferkleie
45 g Eiweißpulver, Natural
25 g Goldleinsamenmehl, entölt
25 g Macadamiamehl, teilentölt
15 g Flohsamenschalen
1,5 TL Backpulver
1 TL Paprikapulver, rosenscharf
1 TL Majoran, getrocknet
2 TL Zwiebelgranulat (aus dem Gewürzregal)
1 TL Salz

Für den Mettbelag:
500 g Schweinemett, gewürzt
100 g rote Paprika, klein gewürfelt
100 g rote Zwiebel, klein gewürfelt

Den Backofen auf 175 Grad Umluft vorheizen.

Alle Zutaten für die Brötchen auf einen Schlag in eine Rührschüssel geben und vermengen. 5 Minuten stehen und quellen lassen. Dann mit nassen Händen 6 eher flache Brötchen formen und auf ein mit Backpapier belegtes Backblech legen. Kreuzweise 1 cm tief einschneiden. Für 25–30 Minuten backen.

Die abgekühlten Brötchen in der Mitte durchschneiden und die Schnittfläche auftoasten. Das Schweinemett auf die Brötchen streichen und dann noch mit den Paprika- und Zwiebelwürfeln bestreuen. Mehr braucht es nicht zum Glück.

Nährwerte pro Portion:
Kalorien: 511, Fett: 29,2 g, Kohlenhydrate: 17,1 g, Eiweiß: 31,4 g

Macht nicht nur Kerle happy …

BETTI'S DINER

Fastfood aus aller Welt

Der Thai-Take-Away um die Ecke, die heißgeliebte Dönerbude, bei der es den weltbesten Döner gibt. Der Grieche liefert sogar frei Haus und das Pizzataxi bringt dampfende Lasagne vorbei. Die schwedischen Fleischbällchen stärken uns beim Möbelkauf und der beliebte Hotdog, einst erfunden von einem deutschen Auswanderer, mischte die Fastfood-Küche erst in den USA auf und kam so wieder zu uns zurück. Wir futtern uns gerne rund um die Welt, gerade wenn es bequem sein soll. Da braucht es unbedingt Low-Carb-Alternativen, die den Originalen in nichts nachstehen und einfach Yummie sind.

Happy-Zucchini-Hotdog

Wer da noch an ein Brötchen denkt, ist selber schuld …

3 Portionen

200 g Sauerkraut, aus der Dose
150 ml Ketchup, zuckerfrei (Rezept Seite 49)
75 g Frischkäse
2 TL Senf, mittelscharf
75 g Gewürzgurke, gewürfelt
6 gerade lange Bockwürste
3 gerade Zucchini, je etwa 350 g, in der Mitte halbiert und die Kerne herausgeschnitten
75 g Gouda, mittelalt, gerieben

Den Backofen auf 180 Grad Umluft vorheizen.

Das Sauerkraut mit dem Ketchup, dem Frischkäse, dem Senf und den Gurkenstücken vermischen.

Die Bockwürste in die halben Zucchini legen und so nebeneinander in eine Ofenform legen. Darüber die Sauerkrautmischung verteilen und noch mit dem geriebenen Gouda bestreuen.

Die mit den Hotdogs gefüllte Ofenform nun für 25 Minuten in den Ofen stellen und backen.

Nährwerte pro Portion:
Kalorien: 597, Fett: 43,9 g,
Kohlenhydrate: 15,5 g, Eiweiß: 32,5 g

Thai-Curry Buddhas Glück

3 Portionen

15 g Kokosöl
2 TL rote Currypaste
500 g Blumenkohl, in Röschen geschnitten
500 g Brokkoli, in Röschen geschnitten
150 g rote Paprika, in mundgerechte Stücke geschnitten
150 g Karotte, in Stifte geschnitten
250 g braune Champignons, halbiert oder geviertelt
200 ml Kokosmilch
2 Kaffir-Limettenblätter (gibt es im Asialaden)
1 EL Ingwer, frisch gerieben
2 Zehen Knoblauch, gepresst
1 EL Sojasoße, hell
½ TL Johannisbrotkernmehl
100 g Frühlingszwiebel, in Ringe geschnitten
75 g Cashewkerne, geröstet und gesalzen
Salz und Pfeffer

Einen Wok oder größeren Topf mit dem Kokosöl erhitzen.

Die rote Currypaste im Kokosöl anschwitzen. Dann das Gemüse hinzufügen (außer den Frühlingszwiebeln) und alles 2–3 Minuten braten. Nun mit der Kokosmilch ablöschen. Die Kaffir-Limettenblätter und die anderen Würzmittel zufügen. Für 5–6 Minuten unter gelegentlichem Rühren köcheln lassen, bis das Gemüse bissfest ist.

Die Limettenblätter entfernen. Das Gemüse im Topf auf eine Seite schieben und das Johannisbrotkernmehl durch ein kleines Küchensieb mit dem

Schneebesen zur Bindung einrühren. Abschließend noch die Frühlingszwiebelringe und ⅔ der Cashewkerne in das Thai-Curry geben. Mit Salz und Pfeffer abschmecken. Anrichten und den Rest der Cashews über dem Essen verteilen.

Nährwerte pro Portion:
Kalorien: 506, Fett: 32,0 g, Kohlenhydrate: 27,3 g, Eiweiß: 20,4 g

Ohne Fleisch macht Buddha froh ...

Köttbullar auf Pink Slaw mit Dill-Krabben-Creme

4 Portionen als Vollmahlzeit oder 8 Portionen für ein Buffet

Für den Pink-Slaw:
500 g Kohlrabi, grob geraspelt
Salz
150 g Karotten, grob geraspelt
200 g rohe Rote Bete, grob geraspelt
85 g rote Zwiebel, fein gewürfelt
150 g Saure Sahne
3 TL Sahne-Meerrettich
2 TL heller Balsamico-Essig
1 TL Erythrit
Salz und Pfeffer

Für die Dill-Krabben-Creme:
150 g Saure Sahne
75 g Mayonnaise (Rezept Seite 87)
1 TL heller Balsamico-Essig
100 g Nordseekrabben, frisch oder in Lake, auf Küchenpapier abgetropft
50 g Gewürzgurken, in kleine Würfel geschnitten
2 EL Dill, frisch oder TK
Salz und Pfeffer

Für die Köttbullar-Fleischbällchen:
250 g mageres Rinderhack
250 g grobes rohes Wurstbrät
1 Ei, Größe L

1 TL Thymian, getrocknet
1 TL Majoran, getrocknet
20 g Haferkleie (alternativ 10 g Flohsamenschalen)
10 g Kokosöl
Salz und Pfeffer

Die Kohlrabi zuerst raspeln und, leicht gesalzen, für 15 Minuten abtropfen lassen. Am Ende mit den Händen überschüssiges Wasser fest ausdrücken. Dann die Kohlrabiraspel mit dem restlichen Gemüse (Karotte, Rote Bete, Zwiebel) mischen und die Saure Sahne, den Balsamico-Essig und den Sahne-Meerrettich zufügen. Gut durchmischen, mit Salz und Pfeffer abschmecken und mindestens 2 Stunden im Kühlschrank ziehen lassen.

Die Zutaten für die Dill-Krabben-Creme verrühren und im Kühlschrank mit dem Pink Slaw warten lassen.

Aus den Zutaten für die Köttbullar einen Fleischteig mischen und runde Fleischbällchen formen. Diese dann in einer Pfanne mit Kokosöl für 10 Minuten braten.

Den Pink Slaw gemeinsam mit den Köttbullar und der Dill-Krabben-Creme anrichten.

Nährwerte pro Portion (bei 4 Portionen):
Kalorien: 678, Fett: 47,9 g, Kohlenhydrate: 20,6 g, Eiweiß: 38,1 g

Fastfood auf schwedisch ...

Low-Carb-Puten-Döner mit Salat

2 Portionen

Für das Fladenbrot:
1 Ei, Größe M
1 Eiweiß/Eiklar
100 g Griechischer Joghurt,
10 % Fett
25 g Haferkleie
15 g Goldleinsamenmehl, entölt
20 g Eiweißpulver, Natural
15 g Flohsamenschalen
½ TL Backpulver
½ TL Salz
1 TL Sesam, zum Bestreuen

Für die fleischige Döner-Füllung:
250 g Putengeschnetzeltes (alternativ Hähnchen)
15 ml Olivenöl, nativ extra
1 Knoblauchzehe, gepresst
2 TL Gyrosgewürz

Für die Döner-Soße:
150 g Griechischer Joghurt, 10 % Fett
1 Zehe Knoblauch, gepresst
1 EL heller Balsamico-Essig
1 EL Olivenöl, nativ extra
Salz und Pfeffer

Natürlich mit leckerem Fladenbrot …

Für die salatige Komponente:
100 g Romana-Salat, klein geschnitten
200 g Kirschtomaten, geviertelt
85 g rote Zwiebel, geviertelt, in Ringe geschnitten
100 g pikant eingelegte grüne Oliven, in Ringe geschnitten
1 TL Chiliflocken

Backofen auf 175 Grad Umluft vorheizen.

Alle Zutaten für das Fladenbrot auf einen Schlag mischen und einen ovalen 2–3 cm dicken Fladen auf einem mit Backpapier belegten Backblech formen. Mit dem Sesam bestreuen. Für 20–25 Minuten backen und dann abkühlen lassen.

Das Fleisch mit dem Olivenöl, dem Knoblauch und dem Gyrosgewürz für mindestens 4 Stunden marinieren.

Die Zutaten für die Döner-Soße anrühren. Das marinierte Fleisch in einer Pfanne ohne zusätzliches Fett für 5–6 Minuten knusprig braten. Das Fladenbrot halbieren und eine Tasche hineinschneiden. Abwechselnd mit dem gebratenen Fleisch, dem Salat, den Zwiebelstücken, den Tomatenwürfeln, den Olivenringen und der Knoblauchsoße füllen. Einige Chili-Flocken darüberstreuen.

Die Salatreste und das übrige Dressing auf dem Teller zum Döner anrichten.

Nährwerte pro Portion:
Kalorien: 725, Fett: 43,0 g, Kohlenhydrate: 22,6 g, Eiweiß: 56,7 g

Low-Carb-Lasagne

Nicht liefern lassen, sondern gesünder selber machen …

4 Portionen

Für die würzige Bolognese:
15 ml Olivenöl, nativ extra
85 g rote Zwiebel, gehackt
2 Knoblauchzehen, fein gehackt
125 g Staudensellerie, in kleine Würfel geschnitten
400 g mageres Rinderhackfleisch
100 g Pancetta, gewürfelt (alternativ Baconwürfel)
400 g geschälte Tomaten, aus der Dose
50 g Tomatenmark, einfach konzentriert
(andere Konzentration, Menge anpassen)
300 g Kirschtomaten, geviertelt
250 g braune Champignons, gehackt
250 g Zucchini, ohne Kerne, in kleine Würfel geschnitten
1 EL Erythrit
2 TL Oregano, getrocknet
1 TL Chiliflocken
Salz und Pfeffer

Für die Lasagneplatten:
125 g Mozzarella, fettarm, in kleine Stücke geschnitten
3 Eier, Größe M
25 ml Olivenöl, nativ extra
15 g Flohsamenschalen
Salz und Pfeffer

Für die Béchamel-Soße:
100 g Crème fraîche
100 ml Gemüsebrühe
¼ TL Muskatnuss, frisch gerieben
25 g Manchego-Käse, fein gerieben
½ TL Guarkernmehl (alternativ Johannisbrotkernmehl)

Zusätzlich:
75 g Manchego-Käse, gerieben, zum Überbacken

Den Backofen auf 175 Grad Umluft vorheizen.

Für die Bolognese-Soße einen Topf erhitzen und die Zwiebelwürfel in einem Esslöffel Olivenöl 2–3 Minuten glasig dünsten. Dann den Knoblauch und die Staudenselleriewürfel zufügen und 1 Minute braten. Als Nächstes das Hackfleisch und den Pancetta zufügen und krümelig braten. Anschließend mit den geschälten Tomaten, dem Tomatenmark und den Kirschtomaten ablöschen und nun für 30 Minuten kochen lassen. Danach die gehackten Champignons und die klein geschnittenen Zucchini zufügen. Das Oregano, Erythrit und die Chiliflocken zufügen und noch Salz und Pfeffer untermischen. Nochmal für 15 Minuten köcheln lassen. Zum Schluss noch die Soße mit Salz und Pfeffer abschmecken.

Für die Lasagneplatten die Mozzarellawürfel mit den Eiern und dem Olivenöl gemeinsam pürieren. Das Salz und Pfeffer und die Flohsamenschalen unterrühren. Auf ein mit Backpapier belegtes Blech geben und über die ganze Fläche dünn ausstreichen. Ich nutze dazu immer einen Kuchenheber. Für 8–9 Minuten backen. Nach der Backzeit aus dem Ofen nehmen und die große Nudelplatte mit dem Backpapier einmal gedreht auf ein zweites Backpapier legen und das obere Papier abziehen. Nun mit einem scharfen Messer in vier gleich große Teile schneiden.

Für die Béchamel-Soße die Crème fraîche und die Gemüsebrühe in einem kleinen Topf erhitzen. Den Manchego-Käse in der Flüssigkeit schmelzen lassen und die frisch geriebene Muskatnuss zufügen. Nun noch das Guarkernmehl mit dem Schneebesen einrühren.

In eine Auflaufform ein wenig von der Bolognese-Soße geben. Dann die erste der 4 Lasagneplatten in die Auflaufform legen. Nun von der Soße darüber verteilen und die nächste Lasagneplatte einfüllen. So fortfahren, bis die Lasagneplatten alle aufgebraucht sind und die Lasagne mit der Gemüsesoße abschließt. Darüber die Béchamel-Soße geben und dann zum Schluss die Lasagne mit dem Manchego-Käse bestreuen und für 20 Minuten in den Ofen stellen.

Nährwerte pro Portion:
Kalorien: 725, Fett: 50,9 g, Kohlenhydrate: 13,9 g, Eiweiß: 48,4 g

Indian Drumsticks mit Kokos-Blumenkohlreis und Ketchup

Ketchup und indisch? Passt super …

4 Portionen

30 g Kokosöl
8 Hähnchenunterkeulen, mit Salz und Pfeffer gewürzt
1 TL gelbe Currypaste
250 ml Kokosmilch
100 g Zwiebel, gewürfelt
950 g Blumenkohl, grob geraspelt
150 g Karotte, gewürfelt
100 g TK-Erbsen
200 ml Ketchup, zuckerfrei (Rezept Seite 49)
40 g Kokosraspel
Salz und Pfeffer

Den Backofen auf 180 Grad Umluft vorheizen. In einer ofentauglichen hohen Pfanne die Hälfte des Kokosöls erhitzen und darin die Hähnchenkeulen scharf anbraten. Von allen Seiten, insgesamt 4–5 Minuten braten. Dann die Currypaste hinzufügen und kurz mit anschwitzen. Als Nächstes mit 150 ml Kokosmilch ablöschen, mit Salz und Pfeffer würzen und anschließend die Curry-Hähnchenkeulen für 25 Minuten in den Ofen stellen. In einem weiteren Topf den Rest Kokosöl erhitzen und die Zwiebelwürfel glasig dünsten. Dann das komplette Gemüse und den Rest Kokosmilch zufügen und alles in 7–8 Minuten bissfest garen. Mit Salz und Pfeffer würzen und zum Schluss noch die Kokosraspel unterheben. Die würzigen Hähnchenkeulen mit dem kokosnussigen Blumenkohlreis und dem Ketchup servieren.

Nährwerte pro Portion:
Kalorien: 528, Fett: 36,8 g, Kohlenhydrate: 18,4 g, Eiweiß: 38,1 g

Gyros in Metaxasoße mit Steckrübenpommes

5 Portionen

Für das Gyros:

800 g magerer Schweinenacken, in 1 cm dicke Scheiben geschnitten
35 ml Olivenöl, nativ extra
3 Zehen Knoblauch, gepresst
2 TL Gyrosgewürz
1 TL Paprikapulver, rosenscharf
Salz und Pfeffer

Für die Metaxasoße:

15 ml Olivenöl, nativ extra
100 g rote Zwiebel, in Ringe geschnitten
50 g Tomatenmark, einfach konzentriert
(andere Konzentration, Menge anpassen)
½ TL rote Currypaste
250 g Champignons, blättrig geschnitten
150 g rote Paprika, in Stücke geschnitten
150 g gelbe Paprika, in Stücke geschnitten
50 ml Metaxa
2 TL Gyrosgewürz
150 g Frischkäse
100 g Kefalotyri-Käse oder Manchego-Käse, gerieben
Salz und Pfeffer

Der Dauerbrenner im Restaurant Akropolis …

Für die Pommes:
1,25 kg Steckrübe, in Pommes geschnitten
25 ml Olivenöl, nativ extra
1 TL Paprika, rosenscharf
½ TL Kreuzkümmel, gemahlen
Salz und Pfeffer

Den Backofen auf 180 Grad Umluft vorheizen.

Die Marinade für den Gyros-Spieß mischen und mit den Fleischscheiben in einer Gefriertüte mindestens 24 Stunden marinieren. Dann die Fleischscheiben auf einen kleinen Gyros-Spieß spießen. Oben auf den Spieß etwas doppelt gefaltete Alufolie (15 × 15 cm) zum Schutz stecken. Den Spieß für 65–75 Minuten den Backofen stellen. Die Zeitdauer hängt von der Dicke des Spießes ab.

Wenn der Gyros-Spieß soweit ist, dann rausholen und wie beim Griechen mit einem scharfen Messer von den Seiten von oben nach unten abschneiden. Das lässt sich übrigens auch schon vorbereiten.

Wer keinen entsprechenden Gyros-Spieß besitzt, kann das gewürzte Fleisch auch in Streifen in der Pfanne braten. Das geht schneller und spart die lange Ofenzeit, schmeckt aber weniger authentisch.

Für die Metaxasoße das Olivenöl im Topf erhitzen und die Zwiebelringe glasig dünsten. Dann das Tomatenmark und die Currypaste hinzufügen und kurz anschwitzen. Anschließend das Gemüse dazugeben und alles gemeinsam 4–5 Minuten braten. Mit dem Metaxa ablöschen und das Gyrosgewürz und den Frischkäse unterrühren. Mit Salz und Pfeffer kräftig abschmecken.

Das gebratene Gyros in eine Auflaufform geben und dann die Metaxasoße über dem Fleisch verteilen. Mit dem Käse bestreuen.

Die Steckrübenpommes in einer Schüssel mit den Gewürzen und dem Öl mischen und auf zwei mit Backpapier belegten Blechen verteilen.

Die Auflaufform mit dem Metaxa-Gyros und die Bleche mit den Steckrübenpommes für 25 Minuten in den Ofen stellen.

Nährwerte pro Portion:
Kalorien: 720, Fett: 46,1 g, Kohlenhydrate: 21,3 g, Eiweiß: 45,6 g

BETTI'S MENU

Los geht der Partysalat

Keine coole Party ohne Salate, bei denen die Hütte brennt und die Gäste begeistert das Buffet räubern. Dabei gerne üppig mit Mayonnaise und Co. und ganz ohne irgendwelchen Firlefanz. Wenn ordentlich gefeiert wird, braucht es eine gescheite Basis im Magen, dann kann das Parkett gut gestärkt gerockt werden. Hier kommen Rezepte, die den Dancefloor zum Glühen bringen und die auch jenseits von wilden Partys einfach super schmecken.

Griechischer Schichtsalat

5 Portionen als Vollmahlzeit oder 10 Portionen für ein Buffet

Für das Tsatsiki:
300 g Salatgurke, entkernt und das Fruchtfleisch in kleine Würfel geschnitten
Salz
150 g Magerquark
150 g Griechischer Joghurt, 10 % Fett
150 g Schmand, 20 % Fett
2 Knoblauchzehen, gepresst
2 EL Zitronensaft, frisch gepresst
2 TL Oregano, getrocknet
Salz und Pfeffer

Für den Schichtsalat:
15 ml Olivenöl, nativ extra
500 g mageres Rinderhackfleisch
75 g rote Zwiebel, gehackt
1 TL rote Currypaste
3 TL Gyrosgewürz
Salz und Pfeffer
600 g Spitzkohl, in Streifen geschnitten
300 g Kirschtomaten, geviertelt
150 g rote Zwiebel, in dünne Ringe geschnitten
150 g pikant eingelegte grüne Oliven, geviertelt
300 g rote Paprika, in Streifen geschnitten
150 g Feta, gewürfelt
Salz und Pfeffer

Die Gurkenstücke salzen und in einem Küchensieb 20 Minuten abtropfen lassen. Anschließend die Zutaten für das Tsatsiki mischen, würzig mit Salz und Pfeffer abschmecken und im Kühlschrank für mindestens eine Stunde ziehen lassen.

Einen Esslöffel Olivenöl in einem Topf erhitzen und das Hackfleisch anbraten, bis es krümelig ist. Dann die Zwiebelwürfel zufügen und so lange mitbraten, bis diese glasig sind. Nun die rote Currypaste und das Gyrosgewürz untermischen und die würzige Hackfleischmischung noch mit Salz und Pfeffer abschmecken. Anschließend abkühlen lassen.

Den geschnittenen Spitzkohl in ein Küchensieb füllen und 2 × mit je einem Liter kochendem Wasser langsam übergießen. Zwischen den beiden Durchgängen durchmischen. Den gebrühten Spitzkohl abkühlen lassen.

Auf den Boden einer großen Salatschüssel die würzige Hackfleischmischung geben. Darüber den Spitzkohl, dann die Hälfte des Tsatsikis in die Salatschüssel füllen. Als Nächstes die geviertelten Tomaten, danach die rohen Zwiebelringe, darüber die grünen Oliven, die Paprikastreifen und zu guter Letzt noch die Fetawürfel schichten. Darüber die zweite Hälfte des Tsatsikis verteilen und den Salat für mehrere Stunden im Kühlschrank durchziehen lassen. Schön ist es, den Salat mit einigen Zwiebelstücken und Tomaten zu garnieren.

Nährwerte pro Portion (bei 5 Portionen):
Kalorien: 572, Fett: 38,4 g, Kohlenhydrate: 16,4 g, Eiweiß: 37,6 g

Schichtsalat kann auch griechisch …

Tuna-Schinken-Brokkoli-Eiersalat

5 Portionen als Vollmahlzeit oder 10 Portionen fürs Buffet

600 g Brokkoliröschen (TK oder frisch)

Für das Dressing:
150 g Mayonnaise (Rezept Seite 87)
150 g Griechischer Joghurt, 10 % Fett
2 EL Gurkenwasser (aus einem Glas Gewürzgurken)
1 EL heller Balsamico-Essig
2 TL Senf, mittelscharf
1 TL Currypulver
2 TL Kapern, fein gehackt
Salz und Pfeffer

Für den Salat:
8 Eier, hartgekocht, Größe L, in Scheiben geschnitten
300 g Thunfisch, aus der Dose, in Lake, abgetropft
150 g gekochter Schinken, in Scheiben, in Streifen geschnitten
100 g Gewürzgurke, gewürfelt
125 g Karotte, grob geraspelt
125 g rote Zwiebel, fein gehackt
150 g Lauch, in 1–2 mm dicke Ringe geschnitten

Für den Salat die Brokkoliröschen für 10–12 Minuten (TK brauchen nur 7–8 Minuten) in Wasser kochen und dann abgießen und abkühlen lassen.

Die Zutaten für das Dressing mischen und mit Salz und Pfeffer abschmecken. Alle Zutaten für den Salat in eine große Schüssel geben und zum

Schluss das fertige Dressing untermischen. Den Salat für mehrere Stunden im Kühlschrank ziehen lassen.

Nährwerte pro Portion (bei 5 Portionen):
Kalorien: 593, Fett: 40,0 g, Kohlenhydrate: 12,8 g, Eiweiß: 42,1 g

Da freut sich das Partyvolk …

Curry-Ofenfrikadellen mit buntem Kohlrabisalat

6 Portionen als Vollmahlzeit oder 12 Portionen für ein Buffet

Für den Kohlrabisalat:

1,5 kg Kohlrabi, in 1 cm große Würfel geschnitten
500 ml Gemüsebrühe
400 g Kirschtomaten, geviertelt
150 g Gewürzgurken, in Würfel geschnitten
3 Eier, hartgekocht, in kleine Stücke geschnitten
100 g Frühlingszwiebel, in Ringe geschnitten
150 g Mayonnaise (Rezept Seite 87)
150 g Griechischer Joghurt, 10 % Fett
2 TL Sahne-Meerrettich
1 TL Erythrit
1 EL Gurkenwasser (aus einem Glas Gewürzgurken)
2 EL Dill, frisch oder TK
Salz und Pfeffer

Für die Curry-Ofenfrikadellen:

15 g Kokosöl
75 g Zwiebel, fein gehackt
3 TL gelbe Currypaste
400 g Schweinemett/grobes rohes Bratwurstbrät
350 g Hackfleisch, gemischt
2 Eier, Größe M
25 g Haferkleie (alternativ 15 g Flohsamenschalen)
1 EL Majoran, getrocknet
Salz und Pfeffer

Den Backofen auf 175 Grad Umluft vorheizen.

Die Kohlrabiwürfel in der Gemüsebrühe für 6–8 Minuten vorkochen und dann abkühlen lassen. Die Zutaten für den bunten Kohlrabisalat mischen und diesen im Kühlschrank durchziehen lassen.

In einer Pfanne das Kokosöl erhitzen und die Zwiebelwürfel glasig dünsten. Dann die Currypaste hinzufügen, anschwitzen und unter den Zwiebelstücken verteilen. Von der Herdplatte nehmen und leicht abkühlen lassen.

Die Zutaten für die Frikadellen mit dem Rührgerät oder der Küchenmaschine zu einem Fleischteig mischen. Die Curry-Zwiebeln nicht vergessen. Dann aus dem Fleischteig 30 Frikadellen formen von etwa 3–4 cm Durchmesser. Auf ein mit Backpapier belegtes Blech legen und das dann für 20–25 Minuten in den Ofen schieben. Nach etwa der halben Zeit die Frikadellen einmal drehen. Aus dem Ofen holen und die Frikadellen auf Küchenpapier abkühlen lassen oder auch gleich warm zum Salat reichen.

Nährwerte pro Portion (bei 6 Portionen):
Kalorien: 731, Fett: 55,7 g, Kohlenhydrate: 20,1 g, Eiweiß: 37,0 g

Altbekannt und doch immer gleich geräubert …

Happy Schichtsalat

Der Klassiker auf jeder Party …

4 Portionen als Vollmahlzeit oder 8 Portionen für ein Buffet

Für den Salat:
1 Glas Selleriesalat, 190 g, abgetropft
200 g Kirschtomaten, geviertelt
200 g gekochter Schinken, in Streifen geschnitten
200 g Lauch, in dünne Ringe geschnitten
200 g orange Paprika, gewürfelt
150 g Eisbergsalat, in Streifen geschnitten
200 g Dosenananas, in Würfel geschnitten
4 Eier, hartgekocht, in Stücke geschnitten
100 g Cheddar, herzhaft, grob geraspelt

Für das Salatdressing:
150 Mayonnaise (Rezept Seite 87)
150 g Griechischer Joghurt, 10 % Fett
50 ml Gurkenwasser (aus einem Glas Gewürzgurken)
2 TL Sahne-Meerrettich
1 TL Senf, mittelscharf
1 EL Erythrit
1 EL gemischte Kräuter, frisch oder TK
Salz und Pfeffer

Die Zutaten für den Salat schichten, von unten nach oben: Sellerie, Tomaten, Schinken, Lauch, Paprika, Eisbergsalat, Ananas, Eier und der geriebene Cheddar. Das Dressing mischen und dann über den Salat gießen und so für mehrere Stunden durchziehen lassen.

Nährwerte pro Portion (bei 4 Portionen):
Kalorien: 679, Fett: 52,9 g, Kohlenhydrate: 18,7 g, Eiweiß: 29,3 g

Mayonnaise einfach und schnell ...

Mayonnaise

Ergibt knapp 200 g fertige Mayonnaise

125 ml Avocado-Öl
1 Ei, Größe M
1 TL Senf, mittelscharf
1 TL heller Balsamico-Essig
Salz und Pfeffer

Alle Zutaten sollten Zimmertemperatur haben.

Das Avocado-Öl in einen Behälter geben, aus dem man das Öl langsam ausgießen kann. In einem schmalen hohen Becher das Ei mit dem Senf mit einem Pürierstab cremig schlagen. Dann in den laufenden Pürierstab langsam das Öl hinzulaufen lassen. Die ganze Zeit pürieren, bis das komplette Öl aufgebraucht ist und die Masse cremig ist. Nun noch den Essig und etwas Salz und Pfeffer hinzufügen und mit dem Pürierstab untermischen. Dann die fertige Mayonnaise in den Kühlschrank stellen. Die Mayonnaise kann über 2–3 Tage aufgebraucht werden.

Nährwerte je 100 g Mayonnaise:
Kalorien: 557, Fett: 59,8 g, Kohlenhydrate: 1,1 g, Eiweiß: 3,6 g

Mac Kohlrabisalat

3 Portionen als Hauptmahlzeit oder 6 Portionen für ein Buffet

900 g Kohlrabi, in 1–2 cm große Würfel geschnitten
500 ml Gemüsebrühe
75 g TK-Erbsen
15 ml Olivenöl, nativ extra
125 g rote Zwiebel, gehackt
125 g Baconwürfel
150 g orange Paprika, in Würfel geschnitten
150 g rote Paprika, in Würfel geschnitten
100 g Ketchup, zuckerfrei (Rezept Seite 49)
75 g Mayonnaise (Rezept Seite 87)
2 TL Senf, mittelscharf
200 g Kirschtomaten, halbiert
100 g Gewürzgurken, gewürfelt
Salz und Pfeffer

Die Kohlrabiwürfel für 7–8 Minuten in der Gemüsebrühe kochen. In den letzten 3 Minuten die TK-Erbsen hinzufügen. In einem Küchensieb abgießen und abkühlen lassen.

In einem Topf das Olivenöl erhitzen und die Zwiebelwürfel glasig dünsten. Dann die Baconwürfel zufügen und kurz anbraten. Dann noch die Paprikawürfel untermischen und ebenfalls für 1–2 Minuten rösten. Mit Salz und Pfeffer würzen und ebenfalls abkühlen lassen.

Für das Salatdressing, das Ketchup, die Mayonnaise und den Senf verrühren. Alle weiteren Bestandteile des Salates mischen – die Gewürzgurkenwürfel nicht vergessen – und nun noch das Dressing unterheben. Mit Salz und Pfeffer abschmecken.

Der Salat kann auch noch prima mit 400 g gebratenem magerem Rinderhackfleisch aufgepimpt werden, dann wird er richtig sättigend und eine komplette Mahlzeit für 4 Personen.

Nährwerte pro Portion (bei 3 Portionen):
Kalorien: 553, Fett: 37,4 g, Kohlenhydrate: 28,3 g, Eiweiß: 19,1 g

Mein Lieblingssalat für eine Grillparty ...

Heringssalat Steife Brise

Bismarckhering mal nicht auf einem Brötchen …

4 Portionen als Vollmahlzeit oder
8 Portionen für ein Buffet

800 g Rettich, geschält, in 1–2 cm große Würfel geschnitten
500 ml Gemüsebrühe
150 g Rote Bete, roh, grob geraspelt
125 g rote Zwiebel, fein gewürfelt
125 g säuerlicher Apfel, geschält, in kleine Stücke geschnitten
150 g Gewürzgurke, aus dem Glas, in kleine Stücke geschnitten
500 g Bismarckhering (Abtropfgewicht), aus dem Glas, sehr gut abgetropft, in Streifen geschnitten
150 g Mayonnaise (Rezept Seite 87)
100 g Saure Sahne
25 ml Orangensaft, frisch gepresst
4 Eier, Größe M, hartgekocht, in Scheiben geschnitten
3 Lorbeerblätter
Salz und Pfeffer

Die Rettichwürfel für 7–8 Minuten in Gemüsebrühe vorkochen und anschließend abkühlen lassen.

Alle Zutaten für den Salat mischen und diesen für mindestens 8 Stunden durchziehen lassen. Immer wieder zwischendurch mischen. Am Ende die Lorbeerblätter aus dem Salat nehmen und nochmal final mit Salz und Pfeffer abschmecken.

Nährwerte pro Portion (bei 4 Portionen):
Kalorien: 694, Fett: 53,3 g, Kohlenhydrate: 22,7 g, Eiweiß: 30,6 g

Topfgerichte, mit denen die Stimmung kocht

Aus einem Topf serviert hat Vorteile. Gut vorzubereiten, die Menge leicht skalierbar und dazu unheimlich beliebt. Wer kennt nicht die Partys, wo sich die Gäste in der Küche rund um den heißen Topf sammeln und sich lustig schnackend Nachschlag holen. Meist ist dann viel zu schnell das kratzende Geräusch vom Topfboden zu hören. Mein Tipp: immer etwas mehr machen, die Gäste werden es danken.

Teufelssuppe

6 Portionen

15 ml Kokosöl
750 g Rinderrouladenfleisch, in Streifen geschnitten
150 g rote Zwiebel, in Ringe geschnitten
500 g geschälte Tomaten, aus der Dose
750 ml Gemüsebrühe
3 TL Paprikapulver, rosenscharf
1 TL Currypulver
50 ml Sriracha-Soße
1–2 TL Sambal Oelek (nach persönlicher Schärfetoleranz)
500 g Paprika, rot, gelb, grün gemischt, in Streifen geschnitten
100 g TK-Erbsen
650 g Spitzkohl, in Streifen geschnitten
200 g rote Paprika, geröstet und eingelegt in Essig und Öl, aus dem Glas, in Würfel geschnitten
190 g Silberzwiebeln, aus dem Glas, abgetropft
200 ml Sahne
1 TL Johannisbrotkernmehl
Salz und Pfeffer

Einen großen Topf mit dem Kokosöl erhitzen. Die Rindfleischstreifen scharf anbraten. Das Fleisch darf ruhig einige Röstaromen entwickeln. Dann die Zwiebelringe hinzufügen und diese gemeinsam mit dem Fleisch für 3–4 Minuten braten. Nun mit den geschälten Tomaten und der Gemüsebrühe ablöschen. Paprikapulver, Currypulver, Sriracha-Soße und Sambal Oelek unterrühren. Für 60 Minuten kochen lassen.

Anschließend die frischen Paprikawürfel, die Erbsen und die Kohlstreifen hinzufügen und für weitere 10 Minuten köcheln lassen. Nun noch die Paprika aus dem Glas, die Silberzwiebeln und die Sahne dazugeben. Kurz aufkochen lassen. Damit die Suppe sämiger wird, das Johannisbrotkernmehl über ein kleines Küchensieb in die Suppe geben und direkt mit einem Schneebesen einrühren. Final noch mit Salz und Pfeffer abschmecken.

Nährwerte pro Portion:
Kalorien: 449, Fett: 19,1 g, Kohlenhydrate: 21,9 g, Eiweiß: 33,0 g

Teuflisch scharf …

Käse-Lauch-Suppe

5 Portionen

15 g Kokosöl
85 g Zwiebel, fein gewürfelt
500 g gemischtes Hackfleisch
2 Knoblauchzehen, fein gehackt
je 1 EL Majoran und Thymian, getrocknet
1 kg Lauch, in Ringe geschnitten
300 g braune Champignons, in Scheiben geschnitten
1 Liter Gemüsebrühe, kräftig gewürzt
200 g Frischkäse
150 g Cheddar, herzhaft, gerieben
2 TL Senf, mittelscharf
1 TL Johannisbrotkernmehl
Salz und Pfeffer

Die eine Partysuppe, die sicher jeder mag …

Das Kokosöl in einem großen Topf erhitzen und die Zwiebelwürfel darin glasig andünsten. Das Hackfleisch und den Knoblauch hinzugeben und alles gemeinsam krümelig braten. Den Majoran und Thymian hinzufügen. Jetzt die Lauchringe und die Champignons untermischen. Mit der Brühe auffüllen und 12–15 Minuten köcheln lassen.

Den Frischkäse und den Senf unterrühren und in der heißen Suppe noch den geriebenen Cheddar schmelzen lassen. Wenn die Konsistenz zu wässrig ist, dann das Johannisbrotkernmehl über ein Küchensieb mit dem Schneebesen einrühren. Zum Schluss noch mit Salz und Pfeffer abschmecken.

Nährwerte pro Portion:

Kalorien: 558, Fett: 40,4 g, Kohlenhydrate: 10,2 g, Eiweiß: 36,1 g

Räubertopf

12 Personen

Für die Räubersoße:
800 g geschälte Tomaten, aus der Dose, grob zerkleinert
500 g geröstete Paprika, aus dem Glas, in Essig und Öl eingelegt, klein geschnitten
200 g Staudensellerie, geputzt, in Würfel geschnitten
4 TL rote Currypaste
4 Knoblauchzehen, gehackt
50 ml heller Balsamico-Essig
80 ml Worcester-Sauce
4 TL Paprika, edelsüß
4 TL Currypulver
2 EL Erythrit
400 g Frischkäse
Salz und Pfeffer

Für den Räubertopf:
15 ml Olivenöl, nativ extra
750 g rote Zwiebel, in 1 cm breite Ringe geschnitten
750 g Rindergulasch
1 kg Butternut-Kürbis, in Stücke geschnitten (alternativ Kohlrabi)
600 g Dörrfleisch, gewürfelt
700 g Sauerkraut
600 g Kabanossi, gewürfelt
750 g Paprika, rot, gelb, grün gemischt, in Stücke geschnitten
600 g grobes rohes Bratwurstbrät, in kleine Stücke zerteilt
Salz und Pfeffer

Den Backofen auf 180 Grad Umluft vorheizen.

Für die Räubersoße alle Zutaten in einen Mixer geben und eine sahnig-pikante Creme mischen.

In einem großen Topf mit Deckel (z. B. Gänsebräter) etwas Olivenöl auf den Boden geben. Dann die Zutaten schichten. Mit den Zwiebeln beginnen und mit dem Bratwurstbrät aufhören. Über dem Kürbis die erste Hälfte der Soße in den Räubertopf geben. Den Rest der Räubersoße dann oberhalb der Paprikastücke, unterhalb des Bratwurstbräts verteilen. Den Topf verschließen und diesen für 3 Stunden in den Ofen stellen. Durchmischen, mit Salz und Pfeffer abschmecken und genießen.

Zum Räubertopf passt super das Brötchenrad von Seite 104.

Der Räubertopf lässt sich übrigens auch gut in der halben Menge herstellen, dann reichen 2,5 Stunden im Backofen. Der Räubertopf schmeckt nämlich auch ohne Party sehr lecker und ist dazu perfekt geeignet, zum Reste am Folgetag aufzuwärmen.

Nährwerte pro Portion:
Kalorien: 763, Fett: 50,8 g, Kohlenhydrate: 26,4 g, Eiweiß: 46,6 g

Da geht keiner hungrig heim …

Currywurstsuppe

5 Portionen

10 g Kokosöl
500 g (Geflügel-)Bratwurst, fein, gebrüht, in Scheiben geschnitten
100 g rote Zwiebel, in Ringe geschnitten
500 g Paprika, rot, gelb, grün gemischt, in Würfel geschnitten
500 g Blumenkohl, grob geraspelt
3 TL Currypulver
400 g geschälte Tomaten, aus der Dose
690 ml passierte Tomaten
500 ml Gemüsebrühe
75 g Apfel, geschält, grob geraspelt
75 ml Ketchup, zuckerfrei (Rezept Seite 49)
15 ml heller Balsamico-Essig
100 g Frischkäse
Salz und Pfeffer

In einem großen Topf das Kokosöl erhitzen. Darin die Wurstscheiben für 2–3 Minuten anbraten und anschließend die Zwiebelstreifen hinzufügen. Gemeinsam 7–8 Minuten kräftig braten. Es darf ruhig alles etwas Farbe bekommen.

Nun das gesamte Gemüse und das Currypulver hinzufügen und gut durchmischen. Dann mit den geschälten Tomaten und den passierten Tomaten ablöschen und noch mit der Gemüsebrühe aufgießen. Den geraspelten Apfel, das Ketchup und den hellen Balsamico-Essig unterrühren. Danach alles gemeinsam für 10–12 Minuten kochen lassen.

Zum Schluss noch den Frischkäse unterrühren und die Currywurstsuppe mit Salz und Pfeffer abschmecken.

Nährwerte pro Portion:
Kalorien: 433, Fett: 27,5 g, Kohlenhydrate: 20,8 g, Eiweiß: 21,8 g

Da brennt die Partyluft vor Begeisterung …

Chili con Carne

6 Portionen

15 ml Olivenöl, nativ extra
150 g Zwiebel, fein gewürfelt
800 g mageres Rinderhackfleisch
2 Knoblauchzehen, gehackt
2 rote Chili-Schoten, fein gehackt (oder getrocknetes Chilipulver)
250 g Staudensellerie, gewürfelt
50 g Tomatenmark, einfach konzentriert
(andere Konzentration, Menge anpassen)
1 TL Kreuzkümmel, gemahlen
2 TL Paprika, rosenscharf
1 EL Oregano, getrocknet
1 EL Erythrit
1 EL rote Currypaste
800 g Paprika, rot, gelb, grün gemischt, in kleine Würfel geschnitten
450 ml Gemüsebrühe
400 g stückige Tomaten, aus der Dose
15–30 g Bitterschokolade, 85 %, nach Geschmack
510 g Kidney-Bohnen, aus der Dose, abgespült und abgetropft (2 Dosen)
150 g Schmand, 20 % Fett
Salz und Pfeffer

In einem großen Topf das Olivenöl erwärmen und die Zwiebelwürfel glasig andünsten. Dann das Hackfleisch zufügen und für 4–5 Minuten krümelig braten. Anschließend Knoblauch, Chili und Staudensellerie zufügen und kurz untermischen. Dann das Tomatenmark, die Gewürze einschließlich dem Erythrit und der roten Currypaste dazugeben und alles gemeinsam für 2–3 Minuten rösten. Nun noch die Paprikastücke hinzugeben. Mit der

Gemüsebrühe und den stückigen Tomaten auffüllen und für 15–20 Minuten zugedeckt köcheln lassen.

Nach der Kochzeit die Herdplatte runterschalten und, wenn das Chili nicht mehr kocht, die Schokolade hinzufügen und schmelzen lassen. Jetzt noch die Kidney-Bohnen und den Schmand unterrühren, dann das Chili wieder erwärmen und dabei noch mit Salz und Pfeffer abschmecken.

Beim Chili kann auch einfach die doppelte Menge oder auch nur die halbe Menge gekocht werden. Mit jedem Aufwärmen wird es übrigens noch leckerer, also besser nicht zu wenig machen.

Nährwerte pro Portion:
Kalorien: 518, Fett: 27,5 g, Kohlenhydrate: 23,6 g, Eiweiß: 36,2 g

Chili con Carne darf nicht fehlen ...

Partysuppe Elsässer Art

6 Portionen

Nicht wundern, wenn die Gäste die Teller ausschlecken …

20 g Butterschmalz
500 g Zwiebel, in Ringe geschnitten
300 g Dörrfleisch oder Bacon, gewürfelt
900 g Steckrübe, grob geraspelt (alternativ Blumenkohl)
800 ml Gemüsebrühe
400 ml trockener Weißwein
300 ml Sahne
150 g Crème fraîche
2 TL Dijon-Senf
90 g Gruyère-Käse, fein gerieben
1 TL Johannisbrotkernmehl
Salz und Pfeffer

In einem großen Suppentopf das Butterschmalz erhitzen und die Zwiebelringe für 15 Minuten weich braten. Dann die Bauchspeckwürfel zufügen und beides gemeinsam für 5 Minuten braten. Dann die Steckrübenraspel untermischen. Anschließend mit der Brühe und dem Weißwein ablöschen. Für 15–20 Minuten kochen lassen. Dann die Sahne, die Crème fraîche und den französischen Senf unterrühren. Den geriebenen Käse in der Suppe schmelzen lassen und zum Schluss noch mit Johannisbrotkernmehl abbinden. Dazu über ein Küchensieb mit dem Schneebesen einrühren. Final noch mit Salz und Pfeffer abschmecken.

Nährwerte pro Portion:
Kalorien: 578, Fett: 44,0 g, Kohlenhydrate: 16,6 g, Eiweiß: 18,0 g

BETTI'S MENU

Fingerfood gebacken

Was wäre ein Buffet ohne ein Brot, das zusätzlich gereicht wird. Mal, um zwischendurch den Geschmack im Mund zu neutralisieren oder einfach nur, um den Teller sauber zu wischen und keinen Tropfen von der köstlichen Salatsoße oder der Partysuppe zu verschwenden. Auch zu später Stunde immer gut, wenn noch einige Happen für auf die Hand warten, wenn der mitternächtliche Hunger kommt. Vielleicht kennen Sie das ja auch. Mit steigender Promillezahl entsteht ein Loch im Bauch, das lecker gestopft werden will.

Brötchenrad

Rad mit 14 kleinen Brötchen

Da greift jeder gerne zu ...

Für die Brötchen:
500 g Joghurt, 3,8 % Fett
4 Eier, Größe L
75 g Haferkleie
60 g Eiweißpulver, Natural
60 g Macadamiamehl, teilentölt
50 g Kartoffelfasern
30 g Flohsamenschalen
40 g Hanfsamen, geschält
3 TL Backpulver
1 TL Salz
1 TL Erythrit

Zum Bestreuen:
30 g Mohn
30 g Sesam

Backofen auf 175 Grad Umluft vorheizen.

Alle Zutaten für den Teig der Brötchen in eine Rührschüssel geben und mit einem Handrührgerät oder einer Küchenmaschine mischen. Für 10 Minuten quellen lassen.

Je ein Schälchen mit Mohn und Sesam füllen. Mit nassen Händen 14 Kugeln formen. ⅓ der Brötchen in Mohn und ⅓ in Sesam tauchen. ⅓ der Brötchen bleiben ohne Topping.

Die Brötchen auf ein mit Backpapier belegtes Blech legen. Der Abstand zwischen den Brötchen sollte knapp 1 cm betragen. Für 30 Minuten backen. Während des Backvorgangs backen die Brötchen dann zusammen zu einem geschlossenen Brötchenrad.

Nährwerte pro Brötchen:

Kalorien: 155, Fett: 8,1 g, Kohlenhydrate: 7,0 g, Eiweiß: 11,6 g

Pull-Apart-Pizza-Bread

4 Portionen

Für den Pizzabrotteig:
35 ml Olivenöl, nativ extra
125 g Mozzarella, mit 45 % Fett, in kleine Würfel geschnitten
1 Ei, Größe M
50 g Mandelmehl, nicht entölt
50 g Goldleinsamenmehl, entölt
1 TL Salz
1 TL Backpulver
½ TL Guarkernmehl

Zwischenrein und obendrauf:
15 ml Olivenöl, nativ extra
100 g rote Zwiebel, in Ringe geschnitten
150 g rote Paprika, in dünne Streifen geschnitten
200 ml Ketchup, zuckerfrei (Rezept Seite 49)
2 TL Pizzagewürz oder Oregano
150 g gekochter Schinken, in Streifen geschnitten
75 g Salami, in Streifen geschnitten
100 g Gouda, mittelalt, gerieben
Salz und Pfeffer

Den Backofen auf 175 Grad Umluft vorheizen.

Das Olivenöl, die Mozzarellawürfel und das Ei mit dem Pürierstab zu einer Creme pürieren und diese in eine Rührschüssel geben. Die trockenen Zutaten gut in einer kleinen Schüssel vermischen und dann esslöffelweise in die Mozzarellacreme rühren, bis am Ende ein schöner Teig entsteht.

Den Teig 60 Minuten im Kühlschrank ruhen lassen und dann rechteckig ausrollen, etwa 0,5–1 cm dick. Die Platte (ca. 20 × 32 cm) in 8 gleich große quadratische Stücke schneiden. Die Teigplatten für 15 Minuten im Ofen vorbacken.

In einer Pfanne das Olivenöl erhitzen und die Zwiebelringe glasig dünsten. Die Paprikastreifen hinzufügen und kurz mit anbraten. Das Ketchup untermischen, und das Pizzagewürz und Salz und Pfeffer zufügen.

Auf jede vorgebackene Teigplatte etwas von der Tomatensoße geben und dann Schinken, Salami und ein wenig Käse geben (insgesamt hierfür die Hälfte des Käses verwenden). Vorsichtig stapeln und so hochkant in eine kleine Kastenform (20 cm Länge) setzen. Den Rest Gouda über die volle Kastenform mit dem Pull-Apart-Pizza-Bread streuen und anschließend für 25 Minuten in den Ofen damit.

Wenn mehr Köpfe satt werden wollen oder mehr Gäste kommen, dann die doppelte Menge in einer großen Kastenform machen und die Teigstücke größer schneiden.

Nährwerte pro Portion:
Kalorien: 587, Fett: 42,7 g, Kohlenhydrate: 10,2 g, Eiweiß: 35,1 g

Aus der Hand suboptimal, aber wollte unbedingt ins Buch …

Scharfe Partyschnecken

Ergibt 20 Partyschnecken

Für den Schneckenteig:
100 g Mandelmehl, nicht entölt
50 g Kartoffelfasern
4 TL Zwiebelgranulat (aus dem Gewürzregal)
¾ TL Salz
1 TL Paprika, rosenscharf
2 TL Backpulver
1 TL Guarkernmehl
100 g Butter, weich
250 g Mozzarella, mit 45 % Fett, in kleine Würfel geschnitten
2 Eier, Größe L

Für die Füllung:
50 ml Sriracha-Soße
125 g italienische Mortadella, in halbierte Scheiben geschnitten
75 g Gouda, mittelalt, fein gerieben

Den Backofen auf 175 Grad Umluft vorheizen.

Die trockenen Zutaten für den Teig in einer Schüssel vermischen.

Die Butter, den Mozzarella und die Eier in einen hohen schmalen Behälter geben und mit einem Pürierstab zu einem Brei pürieren. Die Masse in eine Rührschüssel geben und die trockene Mischung esslöffelweise unterrühren. Am Ende den Teig in etwas Frischhaltefolie hüllen und für 1 Stunde im Kühlschrank ruhen lassen.

Anschließend den kühlen Teig rechteckig 1 cm dick auf eine Fläche von 34 × 28 cm ausrollen. Ich behelfe mir da mit Backpapier und rolle den Teig zwischen 2 Blättern aus. Auf dem Teig die Sriracha-Soße verstreichen. Darauf die Mortadella so verteilen, dass der Teig komplett bedeckt ist. Dann noch den Käse darüberstreuen.

Vorsichtig von der langen Seite her mit Hilfe des Backpapiers aufrollen und die Rolle mit einem Messer in 1–2 cm dicke Scheiben schneiden. Mit Hilfe eines Tortenhebers auf ein mit Backpapier bedecktes Blech legen.

Jetzt noch für 20–25 Minuten goldbraun backen. Die Partyschnecken schmecken frisch, noch lauwarm am besten. Aber auch kalt ein Genuss für jedes Buffet und garantiert schnell weggegessen.

Nährwerte pro Partyschnecke:
Kalorien: 149, Fett: 12,6 g, Kohlenhydrate: 1,5 g, Eiweiß: 6,1 g

Die Partyschnecken schmecken …

Mini-Mett-Partymuffins mit Sahne-Meerrettich-Dip

5 Portionen als Vollmahlzeit oder 10 Portionen für ein Buffet

Für die Mini-Mett-Partymuffins:
850 g Blumenkohl, grob geraspelt
150 g Zwiebel, fein gehackt
600 g Mett bzw. grobes rohes Bratwurstbrät
3 Eier, Größe L
50 g Haferkleie (alternativ 25 g Flohsamenschalen)
150 g Cheddar, herzhaft, gerieben
2 EL Majoran, getrocknet
Salz und Pfeffer
Etwa 60 Mini-Muffinförmchen

Für den Sahne-Meerrettich-Dip:
6 TL Sahne-Meerrettich
300 g Griechischer Joghurt, 10 % Fett
125 g Mayonnaise (Rezept Seite 87)
3 TL heller Balsamico-Essig
1,5 TL Senf, mittelscharf
5 EL Schnittlauch, in Röllchen geschnitten
Salz und Pfeffer

Den Backofen auf 180 Grad Umluft vorheizen.

Den Blumenkohl und die Zwiebelwürfel auf einem Backblech mit Backpapier verteilen und so für 20 Minuten rösten. Zwischendurch kurz die Backofentür öffnen, um Feuchtigkeit entweichen zu lassen.

Anschließend abkühlen lassen und das Gemüse in eine Rührschüssel füllen. Das Mett mit den Fingern zerrupfen und zum Gemüse geben. Dann die restlichen Zutaten zufügen und alles gemeinsam zu einem Teig verarbeiten. Die Fleisch-Gemüsemasse nun in etwa 60 Portionen von je einem gehäuften Teelöffel in die Mini-Muffinförmchen geben und so für 25 Minuten backen. Das funktioniert auch ohne Muffinförmchen, verläuft dann jedoch leicht.

Zu den Mini-Mett-Partymuffins passt perfekt der frische und bodenständige Sahne-Meerrettich-Dip. Dazu einfach nur die Zutaten verrühren. Außerdem noch lecker zum Dippen: das hausgemachte Ketchup von Seite 49.

Wenn als normale Mahlzeit die Kalorienmenge zu üppig sein sollte, dann schmeckt der Dip auch, statt mit Mayonnaise, mit mittelfettem (16–17 %) Kräuterfrischkäse angerührt sehr lecker. Das entlastet die Kalorienbilanz ordentlich.

Nährwerte pro Portion (bei 5 Portionen):
Kalorien: 855, Fett: 68,1 g,
Kohlenhydrate: 17,6 g, Eiweiß: 44,9 g

Den Blumenkohl muss man den Partygästen ja nicht unbedingt verraten …

Gemüserolle mit zickiger Lachs-Kressefüllung

Ergibt 3 Portionen als Vollmahlzeit, oder 14 Röllchen fürs Buffet

Für die Gemüserolle:
125 g Möhren, fein geraspelt
75 g TK-Spinat gehackt, aufgetaut und das Wasser kräftig ausgedrückt (Ausgangsgewicht gefroren: 150 g)
3 Eier, Größe M
50 g Gouda, mittelalt, gerieben
10 g Flohsamenschalen
Salz und Pfeffer

Für die Lachsfüllung:
150 g Ziegenfrischkäse
1 TL heller Balsamico-Essig
1 TL Senf, mittelscharf
1 TL Erythrit
Salz und Pfeffer

200 g Räucherlachs, in Scheiben (alternativ gekochter Schinken oder gegartes Roastbeef)
2 Kästchen Kresse, die Blättchen mit der Schere abgeschnitten
14 Party-Spießchen oder Holz-Zahnstocher

Den Backofen auf 175 Grad Umluft vorheizen.

Aus den geraspelten Karotten, dem Spinat, den Eiern, dem Gouda und den Flohsamenschalen einen Teig anrühren. Mit Salz und Pfeffer würzen. Die Mischung auf ein mit Backpapier belegtes Blech geben und großflächig verteilen. Für 15 Minuten backen und anschließend abkühlen lassen.

Für die Füllung den Ziegenfrischkäse mit dem Balsamico-Essig, dem Senf und dem Erythrit verrühren. Mit Salz und Pfeffer würzen. Die Creme auf die gemüsige Teigplatte streichen. Danach den Lachs darauflegen und diesen noch mit der Kresse bestreuen. Aufrollen und mit einem Messer in ca. 3 cm dicke Scheiben schneiden Die kleinen Röllchen einzeln aufspießen und auf einer Platte appetitlich anrichten.

Nährwerte pro Portion (bei 3 Portionen):
Kalorien: 377, Fett: 25,2 g, Kohlenhydrate: 6,3 g, Eiweiß: 29,7 g

Partytaugliche Gesundheitskost …

Das Baguette wird auf jeder Party der Renner ...

Partybaguette mit Oliven

1 großes Baguette/5 Portionen als Beilagenbrot

250 ml Dickmilch
2 Eier, Größe M
45 g Haferkleie
35 g Eiweißpulver, Natural
30 g Kartoffelfasern
25 g Kokosmehl
15 g Flohsamenschalen
100 g schwarze Oliven, ohne Kern, grob gehackt
½ TL Salz
1,5 TL Backpulver
1 TL Kartoffelfasern, zum Bestreuen

Den Backofen auf 175 Grad Umluft vorheizen.

Alle Zutaten auf einen Schlag in eine Rührschüssel geben und vermengen. 5 Minuten stehen und anziehen lassen. Dann den Teig als großes Baguettes formen und aufs Blech legen. Ich verwende ein spezielles Baguette-Blech, aber der Teig ist auch stabil genug, um so geformt zu werden. Den Teig schräg mehrfach einschneiden und mit den Kartoffelfasern bestreuen. Für 30 Minuten backen. Die Teigmenge lässt sich problemlos verdoppeln, damit können Sie dann gleich 2 Baguettes backen.

Nährwerte pro Portion (bei 5 Portionen):
Kalorien: 177, Fett: 7,9 g, Kohlenhydrate: 9,2 g, Eiweiß: 13,2 g

Süße und flüssige Glücklichmacher

Auch wenn der Bauch schon voll ist, ein süßer Abschluss muss manchmal sein. Wenn schon zu viel, dann richtig krachen lassen. Da dürfen die Klassiker wie die Apfeltasche oder Frozen Joghurt nicht fehlen. Und wenn Sie, so wie ich, die unvergleichliche Kokosschokolade mit dem Mädchennamen aus dem Supermarkt lieben, wird Sie meine zuckerarme Variante sicher glücklich machen. Gelegentlich braucht es einfach etwas Schokolade, und daran will ich persönlich auch nichts ändern.

Low-Carb-Apfeltaschen

Die beste heiße Apfeltasche der Welt …

4 Apfeltaschen

Für die Füllung:
120 g Apfel, säuerlich, geschält, in kleine Stücke geschnitten (alternativ Himbeeren)
1 EL Zitronensaft, frisch gepresst
1 EL Erythrit
½ TL Zimt

Für den Apfeltaschen-Teig:
50 g Erythrit
60 g Mandelmehl, nicht entölt
30 g Kokosmehl
1 TL Backpulver
½ TL Guarkernmehl
50 g Butter
125 g Mozzarella, 45 % Fett, in kleine Würfel geschnitten
1 Ei, Größe L

Zusätzlich:
1 EL gehackte Mandeln, goldgelb geröstet in einer Pfanne
1 EL gehobelte Mandelblättchen
1 TL Erythrit

Den Backofen auf 175 Grad Umluft vorheizen.

Für die Füllung die Apfelstücke mit dem Zitronensaft und dem Erythrit mischen und kurz erhitzen. Das klappt in der Mikrowelle oder auf dem Herd. Wenn der Apfel halbweich ist, dann noch den Zimt untermischen und abkühlen lassen.

Die trockenen Zutaten für den Apfeltaschenteig in einer Schüssel vermischen.

Die Butter, die Mozzarellawürfel und das Ei mit einem Pürierstab zu einer Creme pürieren. Die Masse in eine Rührschüssel geben und die trockene Mischung esslöffelweise unterrühren. Am Ende den Teig in etwas Frischhaltefolie hüllen und für 1 Stunde im Kühlschrank ruhen lassen.

Dann den kühlen Teig zwischen 2 Blättern Backpapier rechteckig ausrollen, bis die Dicke noch etwa 1 cm beträgt. Die Teigplatte in 4 Stücke schneiden.

Auf jede der Teigplatten auf eine Hälfte ¼ der Apfelmischung geben und diese mit den gehackten Mandeln betreuen. Dann den Teig zuklappen, am Rand festdrücken und die Apfeltaschen so verschließen. Beim Umklappen kann ein Tortenheber hilfreich sein. Nun noch mit den gehobelten Mandelblättchen und etwas Erythrit bestreuen.

Die Apfeltaschen vorsichtig auf ein Blech mit Backpapier legen und dann für 20–25 Minuten goldbraun backen.

Die Apfeltaschen schmecken frisch, lauwarm am besten. Oder vor dem Verzehr einfach nochmal kurz auf den Toaster mit den süßen Teilchen.

Nährwerte pro Apfeltasche:
Kalorien: 364, Fett: 30,3 g, Kohlenhydrate: 5,7 g, Eiweiß: 13,2 g

Karamell-Schoko-Shake

1 Portion

Mein Standard-
nachtisch im
Schnellrestaurant ...

100 ml Kokosmilch
100 ml Milch
50 g Eiswürfel
25 ml Karamell-Sirup, zuckerfrei
40 g Eiweißpulver, Schokolade
5 g Kakaopulver

Alles gemeinsam in den Mixer geben und zu einem cremigen eiskalten Shake mischen. Sollte die Mischung etwas zu dick sein, dann noch einige Eiswürfel zufügen und nochmal durchmischen.

Sättigt und ersetzt bei Bedarf sehr lecker eine Mahlzeit.

Nährwerte pro Portion:
Kalorien: 426, Fett: 25,3 g,
Kohlenhydrate: 11,8 g,
Eiweiß: 38,2 g

Frozen-Joghurt-Smoothie Mango-Zitrone

1 Portion

125 g Griechischer Joghurt, 10 % Fett, gut gekühlt
25 ml Kokosmilch
2 TL Stevia-Streupulver mit Erythrit
100 TK-Mango, ungezuckert
40 ml Zitronensaft, frisch gepresst

Alle Zutaten auf einmal in den Mixer geben und cremig zerkleinern. Direkt schön kühl wegschlürfen.

Nährwerte pro Portion:
Kalorien: 294, Fett: 17,7 g, Kohlenhydrate: 21,1 g, Eiweiß: 9,6 g

Ein eiskalter zitroniger Mangotraum …

Kokosschokolade

Für Schokoholiker mit einem Kokoslaster …

Ergibt 300 g Kokosschokolade/6 Portionen à 50 g

150 g Schokolade, mit 85 % Kakao
50 g Kokosmus
25 g Butter
2 TL Stevia-Streupulver mit Erythrit
30 Tropfen Stevia-Kokosnuss-Drops (alternativ
3 TL mehr vom Stevia-Streupulver mit Erythrit)
75 g Kokosraspel

Die Schokolade im Wasserbad auflösen und das Kokosmus und die Butter in der warmen Schokolade schmelzen lassen. Nun die Süßmittel und die Kokosraspel unterrühren.

Die Süße kann natürlich nach eigenem Geschmack angepasst werden.

Die Schokoladen-Kokosmischung auf ein mit Backpapier belegtes Blech geben und die Masse 0,5 cm dick verstreichen. Das Backblech an einen kühlen Ort stellen und die Schokolade aushärten lassen.

Wenn die Schokolade fest ist, dann das Backpapier mit der Schokolade zur weiteren Aushärtung für eine Stunde in den Kühlschrank geben. So ausgekühlt mit einem Messer in grobe Stücke zerteilen und genießen.

Im Kühlschrank aufbewahren, da die Schokolade durch die enthaltene Butter und das Kokosmus bei höheren Temperaturen weich wird.

Nährwerte pro Portion, à 50 g:
Kalorien: 320, Fett: 29,1 g, Kohlenhydrate: 6,8 g, Eiweiß: 4,4 g

Schlappenhauer-Cocktail

Zu viel davon haut garantiert aus den Schlappen …

2 Gläser

40 ml Wodka mit 40 % Alkohol
50 ml Granatapfelsaft, frisch gepresst
40 ml Limettensaft, frisch gepresst
1–2 TL Stevia-Streupulver mit Erythrit (nach Geschmack zufügen)
gecrushtes Eis
200 ml trockener Sekt
1 Scheibe Orange, halbiert

Den Wodka mit dem Granatapfelsaft, dem Limettensaft und dem Stevia-Streupulver mit einem Schneebesen vermischen. Das lässt sich auch in wesentlich größeren Mengen für eine Party ganz praktisch vorbereiten.

Anschließend zwei Gläser mit etwa 200 ml Fassungsvermögen zur Hälfte mit gecrushtem Eis füllen. Die Wodka-Granatapfel-Mischung in beiden Gläsern über dem Eis verteilen und das Glas dann noch mit dem Sekt auffüllen.

An das Cocktailglas noch eine halbe Scheibe Orange stecken und dann mit einem Strohhalm genießen. Prost!

Nährwerte pro Glas:
Kalorien: 149, Fett: 0,1 g,
Kohlenhydrate: 5,6 g, Eiweiß: 0,5 g

Rezeptübersicht

Pizza, Pizza. Fastfood Numero Uno

Jetzt burgert es mal so richtig

Ravioli, Bratwurst und Co. Typisch deutsch!

Fastfood aus aller Welt

Los geht der Partysalat

Topfgerichte, mit denen die Stimmung kocht

Fingerfood gebacken

Süße und flüssige Glücklichmacher

Register

T

W

X

Z

www.happycarb.de

Bibliografische Information der Deutschen Nationalbibliothek
Die Deutsche Nationalbibliothek verzeichnet diese Publikation in der Deutschen Nationalbibliografie. Detaillierte bibliografische Daten sind im Internet über http://dnb.d-nb.de abrufbar.

Für Fragen und Anregungen
info@rivaverlag.de

Wichtiger Hinweis
Dieses Buch ist für Lernzwecke gedacht. Es stellt keinen Ersatz für eine individuelle medizinische Beratung dar und sollte auch nicht als solcher benutzt werden. Wenn Sie medizinischen Rat einholen wollen, konsultieren Sie bitte einen qualifizierten Arzt. Der Verlag und der Autor haften für keine nachteiligen Auswirkungen, die in einem direkten oder indirekten Zusammenhang mit den Informationen stehen, die in diesem Buch enthalten sind.

Originalausgabe
1. Auflage 2019

Nymphenburger Straße 86
D-80636 München
Tel.: 089 651285-0
Fax: 089 652096

Redaktion: systemed Verlag, Lünen
Umschlaggestaltung, Umschlagabbildung: Simone Ruths, www.rosavision.de
Layout, Illustrationen und Satz: Simone Ruths, www.rosavision.de
Fotografie: Bettina Meiselbach, Carsten Meiselbach, www.happycarb.de
Brigitte Sommer (Seite 2 und 5)
Illustrationen: "BETTI": Signyra, www.signyra.com
Druck: Florjancic Tisk d.o.o., Slowenien
Printed in the EU

ISBN Print 978-3-7423-0890-0
ISBN E-Book (PDF) 978-3-7453-0546-3
ISBN E-Book (EPUB, Mobi) 978-3-7453-0547-0